CARDUME

Adrianne Ogêda Guedes e Michelle Dantas Ferreira
Ana Rosa Airão · Bia Jabor · Carla Jarlicht · Clarissa Brito · Dani Lyra
Daniela Mello · Isabella Sá · Rona Hanning · Soraya Lacerda

ORGANIZAÇÃO DE
CAROLINA SANCHES

CARDUME

A transformação começa na Educação Infantil

LERCONECTA · mapa lab

PRODUÇÃO EDITORIAL
mapa lab

CAPA, PROJETO GRÁFICO E DIAGRAMAÇÃO
Sérgio Campante

ILUSTRAÇÃO DE CAPA
Janaina Tokitaka

PREPARAÇÃO
Andreia Amaral

IMPRESSÃO E ACABAMENTO
Grafitto Gráfica

Dados internacionais de catalogação na publicação (CIP)

C268

Cardume : a transformação começa na educação infantil / Carolina Sanches organizadora.

172 p. ; 16 cm.

Edição realizada pela Mapa Lab em colaboração com LERCONECTA.

ISBN 978-65-5246-020-2

1. Educação infantil I. Sanches, Carolina.

CDU 373.2

Bibliotecária: Ana Paula Oliveira Jacques / CRB-7 6963

contato@mapalab.com.br | www.mapalab.com.br

/amapalab @amapalab

contato@lerconecta.com | www.lerconecta.com

/lerinstituto @lerconecta

Sumário

Um manifesto de amor às crianças, à educação, ao mundo

"**Revolução é recordar aos indivíduos que eles são livres.**"
Francesco Careri

Você já deve ter observado que as formigas andam sempre em linha reta e seguindo uma trilha. Conhecidas pela sua organização, esses insetos sociais sabem exatamente quais são suas tarefas e a importância de viver no coletivo. Esopo já nos contava em sua fábula famosa como a formiga é trabalhadora, não importando o tempo ou o clima. Elas querem sobreviver e essa é a condição delas. Os biólogos nos explicam que é através do olfato apurado que as formigas conseguem saber, por exemplo, quais caminhos devem seguir em busca da comida. E quando encontram o que buscam, liberam uma substância que orienta as outras formigas a fazer o mesmo caminho. Como aquela carreata de formigas que a gente encontra na nossa cozinha, já viu? É um processo. Um sistema. Mas e se esse processo falha? E se uma formiga se confunde e libera o feromônio sem ter encontrado nenhum alimento? O que acontece? Quando o mecanismo biológico falha e uma formiga libera o cheiro sem ter encontrado comida, elas ficam tão perdidas que todas começam a girar ininterruptamente até a morte por exaustão. Elas ficam andando em círculo o tempo todo. Giram, giram, giram até o fim.

Esse é um fenômeno chamado “Espiral da Morte”. O filósofo nigeriano Bayo Akomolafe acredita que a humanidade está nessa espiral e esse é um dos nossos maiores desafios nos dias de hoje. Será que estamos como as formigas, girando em círculos, sem perspectiva de salvação? Como sair desse transe? Se ali não tem mais o que buscamos, por que estamos insistindo em percorrer o mesmo caminho de novo, de novo, de novo? Já não estamos exaustos? Uma frase atribuída a Albert Einstein diz que “não podemos solucionar problemas usando o mesmo pensamento que os criou”. Estamos precisando de novos interlocutores. Novas formigas para apontar outros rumos, para redefinir e reestruturar os sistemas, os processos e, principalmente, convidando as pessoas a mudarem.

Alcir Pécora, conhecido crítico literário, disse certa vez que era “difícil não amar gente inconformada num mundo de mansos”. Reunimos neste livro um grupo de educadoras inconformadas, que não aceitam o destino fatal das formigas diante de um erro. Acreditamos firmemente que é possível romper o ciclo da autodestruição e o antídoto está na mão dos educadores e, principalmente, na mão das crianças. Como o sertanista Orlando Villas Bôas, ao observar as relações dos indígenas brasileiros com os pequenos, escreveu: “Na tribo, o velho é o dono da história, o adulto é o dono da aldeia e a criança é a dona do mundo". Deixemos o mundo para elas! Mas que mundo? Esse é o ponto que queremos e devemos conversar. Acreditamos num espiral que regenera, que cuida, que transforma, que multiplica. Um espiral de vida. Nosso destino não está traçado e fechado. Somos humanos, somos possibilidade, somos seres de escolhas e por isso vamos olhar para fora do círculo da morte e buscar soluções para recontar a nossa própria história e mudar o futuro do mundo. O que a humanidade tem de mais bonito? É para lá que vamos.

Ainda que estejamos atentas às mudanças climáticas, aos desafios socioambientais, a violência, o extremismo avançando, entendemos que é preciso resgatar em nós um discurso de otimismo. Queremos evitar discursos pessimistas sobre o futuro. Se trabalhamos com Educação, é porque entendemos que ainda é possível virar esse jogo. Não podemos deixar as crianças pagarem essa conta sozinhas. Quando falamos de educação regenerativa, estamos falando de pensamento de legado, de assumir o nosso lugar como um bom ancestral para as gerações que virão. Roman Krznaric, no seu excelente livro *Como ser um bom ancestral*, nos alerta para a necessidade de uma transformação radical: precisamos nos libertar da tirania do agora e aprender a pensar a longo prazo, muito além da nossa geração. Por amor à humanidade! E é preciso agir agora, com as crianças. Possivelmente não veremos o resultado dos esforços que estamos investindo para a transformação planetária. Não importa! Repito: faremos isso por amor à humanidade. O poeta bengali Rabindranath Tagore define bem o que pensamos sobre o legado e o nosso propósito enquanto educadores: "O homem que planta árvores, sabendo que nunca se sentará à sombra delas, começou a entender o significado da vida."

No final de 2021, a Unesco lançou um documento chamado "Reimaginar nossos futuros juntos: um novo contrato social para a educação". Esse relatório é mais um convite a pensar e imaginar do que um projeto. Porque não existem respostas prontas para os desafios que enfrentamos. Para desenharmos possibilidades de ação juntos, o documento propõe discutirmos essas três perguntas: *o que devemos continuar fazendo? O que devemos deixar de fazer? O que devemos reinventar criativamente?* E um dos pontos mais relevantes é que é fundamental que todos — TODOS — possam participar da construção do futuro da Educação. Crianças, jovens, famílias, professores, pesquisadores, ativistas, empregadores, lideranças culturais e religiosas. Vamos precisar de todo mundo. Não mais verticalidade. É horizontal, é descentralizado. Todas as vozes importam.

LEIA AQUI

Estamos testemunhando a humanidade enfrentar a crise terminal de uma visão de mundo datada. O mundo como conhecemos está em metamorfose. Se antes acreditávamos que a solução viria de fora, um pensamento mágico que nos fazia acreditar em um super-herói que resolveria todos os nossos problemas, agora é o momento de desconstruirmos essa concepção. Não precisamos mais de um herói individualista que salvará toda a humanidade. O herói hoje precisa ser coletivo. Os desafios que o planeta enfrenta só serão superados em comunidade. Por isso batizamos esse livro de *Cardume*. Precisamos de múltiplos olhares, polifonias, para seguirmos nadando juntos. Em um mar cheio de perigos, de predadores, os peixes menores precisam se organizar para se defender. É na cooperação que eles sobrevivem. E isso nos inspira a seguir.

Nós entendemos que o futuro é sistêmico. E que problemas complexos exigem soluções sistêmicas. Novos modelos de viver, de existir, de educar. O homem sempre tentou controlar o mundo ao seu redor e acabou separando as coisas em pequenas partes, isoladas, desconectadas, fragmentadas — como já nos ensinava o grande sociólogo Edgar Morin, um crítico contundente da fragmentação do conhecimento. Esse modelo nos fragilizou. Ele defende que o fragmento é a barbárie do pensamento e que precisamos nos livrar dessa camisa de força. A beleza está na complexidade. O ser humano, além de racional, lógico e dedutivo, também é mítico, imaginário e sonhador. Nos perdemos aqui. Ficamos girando em círculos no racional e abrimos mão do sonho. Nosso coelho branco, para nos tirar desse transe, está na infância. É ele que precisamos seguir para voltarmos a nos sensibilizar.

Em tempos de coisas extraordinárias, gigantescas, pirotécnicas, eventos de educação com narrativas pedagógicas que investem nos mobiliários, design, materiais prontos, espaços modernos, é nas "insignificâncias" (bem Manoel de Barros) da Educação Infantil que vamos encontrar um caminho para a regeneração. Poder parar para pensar sobre as insignificâncias é nos posicionar por uma educação mais revolucionária e menos comercial. Mais humanizada e menos mercadológica. Menos cheia de si e mais em busca de nós. É o resgate do nosso olhar como educadores de infâncias, atentos aos acontecimentos que geralmente são considerados sem relevância nas nossas práticas cotidianas com as crianças, que vamos reencontrar o encantamento pelo mundo. E está aqui uma das grandes viradas de chave: serão essas insignificâncias que vão nos salvar do fim.

Lendo a obra *O livro das ignorãças* do poeta Manoel de Barros, fico pensando na máxima "Desaprender oito horas por dia ensina os princípios". É uma provocação e a gente tem que aceitar ser provocado para sairmos das rotas que já conhecemos. Ele está apontando para nós, adultos, professores, que chegou a hora de desaprender um pouco do que sabemos e abrir espaço para novas aprendizagens com as crianças. (Re)aprender a sonhar, a imaginar, a brincar, a rir (quando foi que ficamos tão sisudos?), criar coletivamente. Trazer para o centro o conhecimento sensível. A poesia, a música, o teatro, a literatura, as artes plásticas, o brincar, o comer, a conexão com as pessoas, entender-se natureza, resgatar o lugar do corpo, aprofundar nossas relações com o mundo, com os outros e com nós mesmos. Eu quero me comover com o que não é extraordinário. Resgatar o espanto com as desimportâncias. E isso a gente encontra na Educação Infantil.

Este livro não vai trazer nenhuma inovação, palavrinha tão na moda hoje em dia. O nosso único desejo é a reconexão. Queremos voltar pra casa. Pra origem. Ajustar o nosso sentir-pensar-fazer. Essa é a nossa disrupção! Isso é o nosso revolucionário! Nosso manifesto de amor às crianças, à educação, ao mundo. Estamos entre as miopias e as utopias. O que queremos enxergar? Como nos questiona Yuval Noah Harari, em seu livro *Sapiens*, "O que queremos querer? Para onde queremos levar nossa civilização? Qual o legado que queremos deixar e como o ser humano vencerá essa batalha?" Mais uma vez: juntos. Será na pluralidade, conectando eu, você, todos os educadores, as crianças, que entraremos no espiral da vida. É a interdependência que buscamos, ao entendermos que tudo faz parte de um mesmo todo, sem perder nossas diferenças ou singularidades. Numa dança circular. Uma ciranda infinita. De mãos dadas, o grupo sempre em volta de um centro comum.

Sejam bem-vindos ao nosso cardume. É pulsão de vida! Agora está na hora de conhecer os pensamentos dessas educadoras que estão entrando e sentando na roda conosco, para compartilhar ideias, sentimentos e sonhos. São todas especialistas em infância, defensoras, guardiãs das crianças. Estamos aqui para proteger essa infância que estão querendo achatar. São apenas 12 anos de infância. 4.383 dias para o exercício de ser criança. Por que a pressa? É tempo de ser criança. Ainda há tempo.

O primeiro capítulo apresenta "O tempo da lagarta e as sete coisas impossíveis a serem defendidas antes do café da manhã". Adrianne Ogêda Guedes e Michelle Dantas Ferreira nos convocam a parar para refletir sobre os tempos. Os tempos do mundo, nossos, das crianças. Nossa necessidade de pausas, silêncios, criação, apreciação. As máquinas quando pausamos, param de funcionar. Nós, humanos, estamos vendo que, quando pausamos, é aí que começamos a funcionar. Nós não somos máquinas e está mais do que na hora de revermos a nossa pressa, a nossa correria, a velocidade que nos impedem de reconectar com a essência poética da vida.

O segundo capítulo traz a questão do "Brincar com nada, a revolução que faltava no chão da escola". Daniela Mello coloca em xeque essa "infância do consumo", ao nos relembrar a importância desse "brincar com nada". Como podemos fugir dos impactos do brincar industrializado e cuidar do processo de formação do pensamento infantil? Daniela nos apresenta um antídoto neste capítulo, nos ajudando a recuperar o fôlego ao mostrar que nada está perdido quando conseguimos perceber com as crianças o extraordinário no ordinário do dia a dia.

No terceiro capítulo trazemos Isabella Sá nos convocando ao encanto. Ela nos relembra que uma das nossas missões como educadores da infância é oferecer tempo para que o assombro da vida se faça presente na escola para que as crianças possam exercer plenamente o encanto pelo mundo. Esse conhecimento sensível que é construído pelo olhar curioso sobre o que nos rodeia começa na infância e precisamos cultivá-lo. É preciso sentir para fazer sentido. O que estamos oferecendo aos nossos alunos? Qual é a nossa intencionalidade nos projetos que construímos? Para onde queremos ir? Isabella faz conosco o que devemos fazer com as crianças: pelo assombro, pelo maravilhamento, resgatar a essência da educação. Essa busca de si mesmo e a nossa capacidade de transformar o que nos rodeia.

O quarto capítulo traz uma discussão fundamental para o nosso tempo: "Isso é comida?" O que o simples ato de comer e escolher o que levamos para o prato mostra às crianças? Rona Hanning nos conduz a uma reflexão sobre a cozinha, cultura e infâncias e a urgência de revermos nossa relação com a comida de verdade. Aquela que não desempacota e sim se descasca. Aquela que tem cheiro, textura, sabor. Que a gente coloca a mão. Nós, educadores, precisamos entender de vez o impacto que nossas escolhas alimentares têm para o planeta e incluir as crianças pequenas nessa conversa desde sempre e para sempre. Rona defende que, pela alimentação, nos reconectamos com a nossa humanidade essencial. É, sim, uma forma de nos (re)inserirmos na natureza, porque também somos natureza.

"Ser humano é ser neurodiverso". Esse é o título do quinto capítulo, com a neuropediatra Ana Rosa Airão. Com décadas de experiência com crianças neuroatípicas ou neurodiversas, ela convida os educadores a entender alguns conceitos fundamentais para olharmos para os nossos alunos por novas perspectivas. Enquanto a sociedade deseja que todas as pessoas estejam dentro de um padrão fechado e excludente, Ana Rosa nos mostra que o que caracteriza a essência do ser humano é a neurodiversidade e precisamos preservar isso! Um dos pontos altos dessa conversa é o entendimento de que as crianças são seres cooperativos por natureza e o mundo as força a se adaptarem a uma sociedade centrada na competição. Esse texto nos convoca a resgatarmos em nós o espírito cooperativo, porque só sobreviveremos enquanto espécie se aprendermos a colaborar, a existir em rede. E isso significa horizontalizar: todos importam. Isso é incluir.

Como falar de infâncias e coletividade, de transformação, sem falarmos das crianças negras? Clarissa Brito faz um manifesto de amor às infâncias ao defender o aquilombamento das crianças no sexto capítulo do livro. Ao defender o afeto, o dengo, a reparação e continuação da memória, a construção da identidade, pertencimento, da valorização da autoestima negra, estamos fazendo um pacto coletivo de proteger e guiar as crianças para um futuro mais acolhedor e inclusivo. Isso é fazer educação. E só se faz isso no coletivo. Junto. Clarissa nos convida e nos convoca à ação. Não amanhã, não semana que vem. Agora! Já perdemos tempo demais.

No sétimo capítulo, vamos entrar no parquinho para fazer um exercício de convivência ética. Carla Jarlicht traz um assunto que não podemos deixar de lado no mundo em que vivemos: a cultura de paz. A sociedade em crise narcísica, como podemos não perder a capacidade de nos sensibilizar, de ter empatia, de conversar, olhar o outro? As crianças da Educação Infantil têm o pátio, o parquinho, como uma grande rede social, em que elas podem aprender a conviver. Conviver, esse viver COM o outro, partilhando tempos e espaços comuns. Carla defende que essa convivência precisa ser com ética, respeito e reciprocidade e isso começa com as crianças bem pequenas. É com elas que vamos construir a experiência humanizadora da cooperação que pode impactar em mudanças significativas na forma de construir o futuro que desejamos.

E pensando nesse futuro que desejamos, Dani Lyra chega no oitavo capítulo, "Ao planeta Terra, que nos permite ter uma história para contar", trazendo a força da invenção e da criatividade em ambientes pensados para crianças com o conceito de construtividade. A partir de elementos naturais, as crianças podem brincar de projetar, de construir, de recomeçar. Massinha, argila, tinta, terra, pigmentos naturais e plantas são recursos infinitos para a imaginação dos pequenos. Dani apresenta exemplos em que foram criados contextos educacionais que aproximam as crianças da natureza, da arte, do brincar, construir, explorar, interagir e colaborar. Uma inspiração para nos lembrar que é possível fazer muito com coisas que parecem pouco.

Entramos no capítulo nove falando de Crianças Construtoras. Com larga experiência em laboratórios maker, Soraya Lacerda nos mostra a importância de acreditar na potência das crianças com ferramentas e materiais que habitualmente os adultos evitam usar com os pequenos. Somos excessivamente protetores e muitas vezes acabamos por atrapalhar o processo de confiança das crianças. Soraya desdobra no capítulo quais cuidados precisamos ter ao proporcionar às crianças experiências de construção. Além de planejamento, dedicação e disposição, é preciso organizar um espaço pensado cuidadosamente para a mão na massa. Esse ambiente que Reggio Emilia chama de terceiro educador, como podemos implementar nas nossas salas de aula e potencializar ao máximo a capacidade inventiva das crianças?

E fechamos os capítulos com Bia Jabor falando de futuros. As crianças estão sendo bombardeadas por discursos pessimistas, apocalípticos, de finitude, de escassez. Estão desenvolvendo ecoansiedade, medo da vida. Bia vem na contramão com seu texto "Eu tenho um sonho", nos lembrando que infância é abundância. São força vital. São natureza. E ela traz a questão crucial: Como proporcionar e criar momentos para as crianças estarem e conviverem com aquilo que são: natureza? Será que temos isso no nosso currículo, nos nossos planejamentos? É prioridade para nós, educadores que estamos cotidianamente em salas de aula pelo Brasil todo? Bia nos convida a desacelerar, a brincar de ser planta. Será que conseguimos? Eu acredito que sim.

Vamos juntos?

Carolina Sanches

O tempo da lagarta e as sete coisas impossíveis a serem defendidas antes do café da manhã

ADRIANNE OGÊDA GUEDES &
MICHELLE DANTAS FERREIRA

As lagartas são sábias do tempo. Elas compreendem que seu ciclo é dividido em fases e que não se pode apressar nenhuma delas, sob o risco de lhes custar a vida. Elas também entendem de transformação. Sabem como é experimentar diferentes formas de habitar um corpo. Entendem que, para voar, precisam se preparar, acolhidas nelas mesmas, até rasgarem os casulos que as protegem e se entregarem ao desconhecido para viverem sua metamorfose. O tempo médio de vida de uma borboleta varia entre duas e quatro semanas. Isso é assustador para nós, humanos, pois muitas vezes um mês passa sem que nos demos conta, ou, então, ficamos surpresas com a celeridade com que acabou.

A borboleta vive intensamente. Ela não tem tempo a perder. Por isso, se entrega ao ciclo que faz dela borboleta. Nós, humanos, temos pressa. Não para vivenciarmos ao máximo nossa humanidade, mas sim para buscar algo que está sempre além, que virá em um outro momento, que pode nunca chegar. Temos sido controladas pela pressa. Temos sido pessoas aceleradas. Comemos rápido. Dormimos pouco. Nos comunicamos e nos deslocamos rapidamente.

Imputamos esse mesmo modo rápido de viver às crianças com as quais convivemos, seja em casa ou nas instituições educacionais em que atuamos. Se arrumem rápido! Está na hora de sair, crianças! O almoço acabou! Vamos para a próxima atividade! O TEMPO ACABOU! Logo ele, tão ancestral, misterioso, grandioso e dotado de tantas dimensões... quantas vezes temos sido carrascas do tempo no cotidiano com as crianças? Premidas pelo tic-tac do relógio (que nem faz mais tic-tac!), vamos habitando o tempo sempre de olho no próximo passo, no compromisso que se segue, vislumbrando futuros e atropelando o tempo presente com presenças aligeiradas, compartimentalizadas, ausentes, que não nos permitem ser borboletas, uma vez que não nos conectam profundamente: a nós, aos outros, ao mundo que vivemos.

Os povos originários sabem disso. As crianças também sabem. Elas entendem das inteirezas da dedicação ao que lhes convoca e parecem a todo momento nos lembrar que o tempo é agora. Se demoram naquilo que costumamos ser tão rápidos e práticos, neste nosso tempo sempre tão controlado pelo relógio que nos governa. Se demoram olhando para as miudezas da vida. Percebem as belezas cotidianas que nossos sentidos adultos, treinados ao “produtivo” e ao “importante”, não conseguem mais captar: formigas em seus passeios, desenhos nas nuvens, as formas das folhas das árvores, os rastros molhados dos caracóis, casulos que se rompem, poeiras que dançam em feixes de luz estão atentas ao “desimportante”, que, como nos diz o poeta Manoel de Barros (2011), são coisas que merecem respeito!

“Dou respeito às coisas desimportantes
e aos seres desimportantes.
Prezo insetos mais que aviões.
Prezo a velocidade
das tartarugas mais que a dos mísseis.
Tenho em mim esse atraso de nascença.
Eu fui aparelhado
para gostar de passarinhos.
Tenho abundância de ser feliz por isso.
Meu quintal é maior do que o mundo.”
Manoel de Barros

“Não sei como desenhar o menino. Sei que é impossível desenhá-lo a carvão, pois até o bico de pena mancha o papel para além da finíssima linha de extrema

atualidade em que ele vive. Um dia o domesticaremos
em humano, e poderemos desenhá-lo.
Pois assim fizemos conosco e com Deus.
O próprio menino ajudará sua domesticação: ele é
esforçado e coopera. Coopera sem saber que essa ajuda
que lhe pedimos é para o seu autossacrifício."
Clarice Lispector

"Lembro de, quando criança, ser das que se demorava
observando as coisas do mundo. Alguns adultos me
apressaram. Para andar nas ruas mais rápido,
para fazer mais rápido o que apreciava fazer
lentamente. Aprendi as velocidades, a gente quer ser
domesticado e ajuda nisso, nos lembra Clarice,
em 'Um menino a bico de pena'. Não era boa a
sensação de ser apressada. Chamada de lenta. O que
viam os adultos que me cercavam nessas horas?"
Adrianne Ogêda

Diante disso, indagamos: como vemos as crianças em suas lentidões, e, também, acelerações? Como gerimos os ajustes necessários das rotinas para lidar com os tempos distintos de diferentes crianças nos espaços institucionais de convívio? Esse não é tema novo, tem sido assunto de muitas pesquisadoras e professoras das infâncias (por exemplo, Maria Carmem Silveira Barbosa, Madalena Freire e Zilma Ramos de Oliveira). Nossos tempos, medidos, apertados, espremidos, vão também produzindo modos de transitar no mundo. Relações com as práticas, com as ditas rotinas diárias, relações com a nossa própria corporeidade. Comemos rápido. Dormimos pouco. Corremos muito. O modo capitalista de vida nos impele a viver para produzir e consumir, mais das vezes, de modo alienado; apartadas e apartados da produção de sentidos, que ajudam a nos conectarmos à vida. E, assim, seguimos nessa lógica de produção e aceleração, acirrando competições e cultivando a sensação de solidão, de desencanto, apontado pela dupla de Luizes — Simas e Rufino — como o contrário da vida.

Exaurimos nossos corpos e, com isso, nosso potencial criador se esvai. Não nos permitimos o ócio, que tanto alimenta nossa criação, como afirma o sociólogo italiano Domenico De Masi, e acabamos por sucumbir a um ciclo de cansaço, esgotamento, adoecimento, alienação e apatia que se retroalimentam e só servem para alimentar um sistema que se mostra cada dia mais insustentável. O artista, pesquisador e professor Danilo Patzdorf fala em uma crise da sensibilidade do corpo ocidentalizado. Em seu artigo "Pequeno manual de autocuidado para corpos esgotados" destaca que o sentido de viver para trabalhar e trabalhar para consumir — associado à escassez de tempo para fruição e descanso — nos exaure fisicamente e desgasta nossos recursos éticos, cognitivos e morais, nos conduzindo ao anestesiamento de nossas capacidades de sentirmos a nós mesmas e às outras pessoas, de nos aproximarmos, sensibilizarmos, criarmos laços, fortalecermos nossa coletividade, sermos comunidades — como defende a professora bell hooks —, o que nos despotencializa.

Isso nos leva a algumas reflexões. Temos USUFRUÍDO a vida? Esta palavra nos convida a examinar seus sentidos. O sentido etimológico do termo, que se origina do latim *usu fruere* (fruir do uso), indica que se trata de "Ter a posse e o gozo de alguma coisa que não se pode alienar ou destruir" (usufruir de um bem imóvel, por exemplo). Gozar do tempo e da vida sem que se possa destruir. O que nos faz indagar: o que pode destruir o gozo da vida? Suspeitamos que o adoecimento, o anestesiamento e o desencanto possam fazê-lo. Apostamos que ao escutarmos pouco — não escutarmos ou, pior, silenciarmos — as necessidades das crianças (e as nossas próprias); ao darmos ênfase maior ao controle, à disciplinarização dos tempos e dos corpos, à compartimentalização dos saberes, impedimos esse gozo. Rompemos com a conexão entre desejo e movimento, que para se fortalecer precisa ser semeada e nutrida.

Não é raro escutarmos das pessoas com as quais lidamos — sejam professoras em formação ou em exercício, as famílias, amigas/amigos e até das crianças — que não sabem desenhar; que se envergonham em dançar, cantar;

3. O corpo é um conjunto complexo e engenhoso de materiais e materialidades, que nos possibilita experienciar momentos únicos, irrepetíveis e inexplicáveis

Aprender, experimentar, sentir a vida e sua pulsação são coisas que se vive de corpo inteiro! No curso da vida, de corpo inteiro, vamos aprendendo a partir das sensações, experiências, relações e dos movimentos. Precisamos aprender e lembrar, todos os dias, que não temos um corpo, somos um corpo!

Aprender a viver de corpo inteiro tem a ver com superar a separação entre corpo e mente. Uma ideia e postura que caminham na contramão da visão dualista ocidental que, historicamente, delegou ao corpo a condição de mero instrumento ou elemento inferior em relação a uma instância superior e mais valorizada que seria a mente, a alma ou o espírito. Ora, se entendemos que corpo e mente estão ligados e que aprendemos com o corpo inteiro, não podemos então conceber uma educação que não inclua o corpo e o movimento.

A autora bell hooks também nos convida a olhar nessa direção, nos alertando o quanto perceber e valorizar um estado de presença no corpo é decolonial, modificando relações de poder. Por isso, compreendemos que é fundamental estarmos próximas/próximos da nossa dimensão corporal, que articula emoção-razão, visibilizando-as, problematizando os mecanismos e estratégias que vêm fazendo das instituições educacionais espaços esvaziados de vitalidade e subjetividades, por mais que estejam sempre repletos de corpos: correndo, falando, movendo, brincando, desobedecendo, silenciando, sentindo fome, escutando...

Nesse sentido, é importante enfatizar que SOMOS CORPO!

4. Somos natureza e, quanto antes nos [re]conectarmos com esse saber ancestral, mais breve retornaremos para casa

> "Nós somos o *meio* e também o *ambiente*. É uma visão totalmente não natural que os humanos se refiram às paisagens onde nos deslocamos como *meio*. Isso é uma noção extrativista. Enquanto produzirmos uma linguagem que fala do mundo como exterioridade, vamos continuar afirmando o extrativismo, vamos atuar como agentes extrativistas no mundo. Tanto na biosfera do planeta como no mundo imaginado. Vamos imaginar que temos a possibilidade de elaborar alternativas a esse mundo que habitamos. Se pensamos elas sempre no mesmo padrão, continuaremos sendo extrativistas."
>
> *Ailton Krenak*

Assim como somos corpo, somos natureza. Nossa experiência de vida em sociedades altamente urbanizadas, em que estamos quase sempre apartadas/apartados dos espaços mais amplos e com a presença de outros seres vivos, não humanos, vamos sentindo tudo o que é estranho a essa nossa experiência de cidades, como estranho a nós. E isso se revela na forma como, mais das vezes, sentimos, percebemos e orientamos as crianças a se relacionarem com os outros elementos, como a terra, a água, as plantas a natureza sentida como "suja", "perigosa", estranha ao nosso repertório sensorial. Brinquedos de plástico, roupas que nos distanciam do contato da pele com o chão.

A professora Lea Tiriba nos afirma a potência da experiência estreita com os elementos da natureza. Precisamos nos reconectar com essa potência: brincar com os materiais não estruturados (pedacinhos de pau, pedrinhas, água, terra), jogar o corpo na experiência de contato com o sol, a chuva, as plantas... permitir que nossos sentidos se ativem para conhecer e desfrutar dos aromas, texturas, temperaturas que essas vivências nos propiciam experimentar... Quem não sente que ao largar o corpo ao sol, mergulhar em águas de rio e mar, se dá uma experiência de conexão? Quase como se pudéssemos reconhecer nossa irmandade e intimidade com a natureza mais ampla, nosso pertencimento! Um sentimento de que estamos em casa!

5. Encantar é subversivo e nos vitaliza a lutar por uma educação mais libertadora, democrática e equânime

Os Luizes — Simas e Rufino — afirmam, como já dito antes, que o desencanto é o contrário da vida. Eles dizem também que o encantamento é decolonial, pois assim como conta Belchior, ratificado por Emicida, quanto mais eles insistem em nos matar, mais nós insistimos em não morrer; o que só é possível pela via do ENCANTAMENTO. Assim, apostamos em estesiar cotidianos, horizontalizar relações pautadas no diálogo, aguçar sentidos, escutando atentamente e olhando sensivelmente, de modo a fortalecer vínculos e enlaçar a comunidade. Afinal, é preciso de toda uma aldeia para educar as crianças.

6. O minúsculo esconde grandiosidades que se abrem a sentidos crianceiros

Uma cena se abre: um lago, pés e uma pedrinha bem miúda. Vê-la desperta uma vontade de brincar. Mãos mergulham e pegam a pedra, que é lançada na água, acompanhada por olhos atentos e entusiasmados. Novo lance. E a pedrinha dança no ar! Uma nova pedrinha e recomeça o ritual: mira na linha do horizonte, respiração funda e sorriso, pedrinha bailando na água. Repetidas vezes a brincadeira acontece, repetindo, repetindo, até que algo diferente aconteça, como em Manoel de Barros. Ali, frente à imensidão da lagoa, foi a grandiosidade de uma pedrinha, miudinha, que despertou instintos crianceiros que, na correria da adultice da vida, muitas vezes, ficam escondidos, à espreita, aguardando um momento especial, despretensioso, ordinário, minúsculo, como esse, para vir à tona.

Precisamos ficar atentos/atentas! A grandiosidade das experiências que vivemos pode habitar aqueles detalhes miúdos, que o olhar apressado não capta, que a atenção turva não percebe, mas que, quando abertos, disponíveis e sensíveis àquilo que nos acontece, transbordam nossas potências crianceiras. AS MIUDEZAS REVELAM GIGANTES ESCONDIDOS.

7. A vida só faz sentido se for vivida coletivamente

Somos seres sociais, interdependentes, grupais. Necessitamos da relação, da troca, do contato físico. Isto ficou muito nítido na pandemia de Covid-19. Então, por que às vezes parece que esquecemos dessa informação tão preciosa e embarcamos em ideias e ações que nos conduzem a um modo de vida individual, autocentrado e egoísta? E aqui, não nos referimos somente às nossas pessoas de afeto. É necessária uma aldeia para educar uma criança, lembram?! Não basta somente as/os vizinhas/vizinhos próximos. Empatia, pensamento crítico, consciência social são fundamentais na construção de comunidades. COM-UNIDADE: tornar a unidade comum a algo e/ou alguém partilhar algo que nos conecta, que nos torna um... nossas histórias, nossas culturas, nossas práticas e crenças, os espaços que habitamos só existem porque são compartilhados. A VIDA PRECISA ser coletiva! A Educação precisa GERMINAR coletivos! A revolução só se faz na/pela/com a COLETIVIDADE. Só tem sentido se estivermos juntas/juntos, em união.

Sejamos constelações! Sejamos CARDUMES!

REFERÊNCIAS

BARBOSA, Ana Mae. *Ana Mae Barbosa*: arte não se ensina; contamina-se. [S. l.]: Sesc São Paulo, 2019. 1 vídeo (6 min). Disponível em: https://www.youtube.com/watch?v=ROz0EPOdkc0. Acesso em: 2 out. 2024.

BARBOSA, Maria Carmem Silveira. *Por amor e por força:* rotinas na Educação Infantil. Porto Alegre: Artmed, 2006.

BARROS, Manoel de. O apanhador de desperdícios. *In*: BARROS, Manoel de. *Poesia completa*. São Paulo: Leya, 2011.

DE MASI, Domenico. *O ócio criativo*. Rio de Janeiro: Sextante, 2000.

FREIRE, Madalena. *Rotina:* construção do tempo na relação pedagógica. São Paulo: Espaço Pedagógico, 1992.

GUEDES, Adrianne Ogêda. *Diário de Corpo:* anotações pessoais. Rio de Janeiro: [s.l.], 2024.

HOOKS, Bell. *Ensinando a transgredir:* a educação como prática da liberdade. 2. ed. São Paulo: Editora WMF Martins Fontes, 2017.

HOOKS, Bell. *Ensinando comunidade:* uma pedagogia da esperança. São Paulo: Elefante, 2021.

KRENAK, Ailton. *A vida não é útil*. São Paulo: Companhia das Letras, 2020.

KRENAK, Ailton. *O amanhã não está à venda*. São Paulo: Companhia das Letras, 2020.

KRENAK, Ailton. *Ailton Krenak*: em vez de operar na paisagem, devemos nos confundir com ela. Entrevista concedida a Romullo Baratto. ArchDaily, 16 out. 2023. Disponível em: https://www.archdaily.com.br/br/1007266/ailton-krenak-em-vez-de-operar-na-paisagem-devemos-nos-confundir-com-ela. Acesso em: 2 out. 2024.

LIMULJA, Hanna. *Uma etnografia dos sonhos Yanomami:* o desejo dos outros. São Paulo: Ubu editora, 2022.

LISPECTOR, Clarice. Desenhando um menino. *In*: LISPECTOR, Clarice. *A descoberta do mundo*. Rio de Janeiro: Rocco, 2020.

OLIVEIRA, Zilma Ramos de. *Educação Infantil:* fundamentos e métodos. São Paulo: Cortez, 2002.

PATZDORF, Danilo. *Pequeno manual de autocuidado para corpos esgotados*. [S. l.]: Academia Edu 2021. Disponível em: https://www.academia.edu/52447603/PEQUENO_MANUAL_DE_AUTOCUIDADO_PARA_CORPOS_ESGOTADOS. Acesso em: 2 out. 2024.

SIMAS, Luiz Antonio; RUFINO, Luiz. *Flecha no tempo*. Rio de Janeiro: Mórula, 2019.

TIRIBA, Lea. *Educação Infantil como direito e alegria:* em busca de pedagogias ecológicas, populares e libertárias. Rio de Janeiro/São Paulo: Paz e Terra, 2018.

Brincar com nada, a revolução que faltava no chão da escola

DANIELA MELLO

"Sonho alto
por respeito
à existência das nuvens."
Giovanna Mello

Em 1992, aos 18 anos, pisei pela primeira vez no chão da escola, como professora de crianças de 2 anos, em uma creche perto da minha casa, zona sul do Rio de Janeiro. Logo no primeiro mês fui chamada para uma conversa com a coordenação da creche, que, sem demora, me disse que talvez valesse eu repensar minha escolha. Segundo a coordenadora, eu não tinha "talento" para essa profissão, porque eu "brincava com nada" com as crianças e esquecia de

1 – Mimeógrafo é um instrumento utilizado para fazer cópias em grande escala e utiliza na reprodução um tipo de papel chamado stencil, que serve como matriz para impressão. Foi um dos primeiros sistemas de cópias em série utilizados no ensino. Folhas mimeografadas eram as tais cópias feitas por esse aparelho.

cumprir as folhinhas **mimeografadas**[1] que a creche produzia. Nem eu imaginava o tamanho do incômodo e a revolução que a conversa causaria na minha vida, mas lembro de, mesmo menina, ter pensado: como assim, "brincar com nada?"

O contrato na creche foi encerrado no primeiro semestre daquele ano, e, mesmo sendo acolhida em uma escola de vanguarda, onde aprendi a ser professora pesquisadora, a inquietude daquela conversa me acompanhou por muito tempo e acredito ter sido "a mola propulsora" para a pesquisa sobre as infâncias e suas linguagens.

Apesar de ter nascido em uma cidade grande, tive a sorte de passar minha infância na ilha de Paquetá, na casa de minha avó. Atravessar a Baía de Guanabara era como adentrar um portal mágico! Liberdade caça jeito, já afirmava o poeta Manoel de Barros. Pés descalços, bicicleta, luz de lamparina, vagalume, pescaria no puçá, histórias contadas de boca, mar, céu, lama, mistérios e lendas que, até os dias de hoje, aguçam meu imaginário. Não sei dizer se as aventuras que vivi foram reais ou apenas fruto da imaginação de uma criança livre e curiosa — fato é que as lembranças são tão nítidas que deixaram rastros, estão encarnadas em mim, marcadas no corpo. Mais de 40 anos depois, sou capaz de voltar ao tempo-infância facilmente: no cheiro de chuva molhada na terra após um dia de sol, ao sentir o perfume peculiar de uma flor dama-da-noite, ao ouvir cantos de cigarra no entardecer, ao perceber o vento Sudoeste soprar, saborear fruta colhida no pé ou ao rever pequenas cicatrizes na pele. Ser capaz de voltar às memórias de infância e revivê-las, a partir da narrativa, como aponta Walter Benjamin, conecta passado e presente, oferecendo uma experiência estética entre tempos e pessoas, lembrança e esquecimento. Para o filósofo, mais do que acumular fatos e dados históricos, as "narratividades" têm a função de contrapor ao ineditismo contemporâneo, característico de uma sociedade da informação esvaziada de experiência. Ao mergulharmos nas lembranças e memórias do vivido, revemos percursos pessoais e profissionais, e nesse exercício **exotópico**,[2] abrem-se espaços de escuta para o encontro com o mundo.

2 – Exotopia é um conceito de Mikhail Bakhtin que significa desdobramento de olhares a partir de um lugar exterior. Esse "excedente de visão" possibilita, segundo Bakhtin, que se veja do sujeito algo que o próprio sujeito nunca pode ver (Amorim, 2003, p.14). Essa atitude comporta um olhar comprometido e ético. Sendo assim "o conceito de exotopia permite verificar que 'a consciência do autor é consciência de uma consci-ência', pois abrange e conclui a consciência e o mundo da personagem, já que o autor não só enxerga e conhece tudo, mas enxerga e conhece mais" (Bakhtin, 2003).

Mas o que e por que narrar? Segundo o professor Marcelo Santana Ferreira "(...) narrar para evitar que os inimigos continuem vencendo e para fortalecer uma perspectiva que se avizinha do olhar da criança: atenção aos detalhes, ao ínfimo, ao transitório (...)". A meu ver, as narrativas fortalecem o imaginário e nos devolvem a nossa humanidade. Possibilita imaginarmos mundos possíveis, de sonharmos, de reescrevermos rotas e percursos, de sustentarmos a cultura e criarmos alternativas para os problemas contemporâneos. Mas acima de tudo nos permite "suspender o tempo" para que não deixemos "as relações escorrerem entre os dedos", como aponta o sociólogo polonês **Zygmunt Bauman**[3] ao refletir sobre a vida contemporânea e suas relações fugazes.

Em uma "sociedade líquida", onde o isolamento e a pressa empobrecem as relações humanas, Benjamin nos dá pistas de como, por meio da **força das narrativas** e do entrelaçamento entre arte e pedagogia, podemos "interromper o relógio" e romper com paradigmas enraizados para que estejamos mais disponíveis para receber, com afeto e tempo,

3 – Zygmunt Bauman é autor de vários livros, dentre eles *Modernidade líquida*, no qual o sociólogo encontra na metáfora do líquido uma forma de descrever as relações sociais da atualidade. Bauman traça um paralelo entre a liquidez e a cultura do descartável e do consumo, refletindo sobre a percepção do TEMPO não mais cíclico ou linear, e sim pontilhado, fragmentado, e as consequências das relações baseadas em conjunto de instantes encerrados em si mesmo.

os encontros e acontecimentos cotidianos que nos atravessam. **A cada encontro com o mundo me reencontro comigo.**

Adultos que são capazes de se maravilhar com a vida trazem encarnado no corpo experiências estéticas e são mais propensos a sustentar o tempo do brincar espontâneo das crianças ao reconhecerem, nessa manifestação, a potência criativa do ser humano. Mas isso não se dá na pressa corriqueira de uma vida atarefada. É preciso tempo.

Segundo a mitologia grega, há dois tipos de tempo: Chronos e Kairós. Senhor do tempo, Chronos é descrito como velho forte, tirano e implacável. O tempo do relógio, que dita e controla o tempo dos mortais, do nascimento até a morte. Para continuar soberano, engole seus filhos com receio de perder seu poder. Kairós é o tempo oportuno, do instante presente. Descrito como jovem, sem pelos no corpo e apenas um tufo de cabelo na testa, possui asas nos ombros e calcanhares, o que o faz extremamente ágil. Exímio corredor, depois que passa por nós é impossível capturá-lo. Somente quem estiver extremamente atento percebe sua passagem, e, mesmo assim, para agarrá-lo é preciso encará-lo de frente. Filho de Zeus, Deus do poder (único filho que não foi engolido por Chronos), os gregos acreditavam que Kairós era o único capaz de vencer o poder de Chronos e libertar os humanos de sua escravidão. Entender os conceitos do tempo a partir do mito grego Chronos e Kairós não só reafirma a importância das histórias nas nossas vidas como a impossibilidade de compreender a condição humana sem as narrativas.

Fato é que o tempo para o encontro com crianças é um tempo particular, exige de nós disponibilidade e sensibilidade para reconhecer o extraordinário no ordinário do dia a dia. É Kairós nos convidando a colocar reparo nos acontecimentos da vida para "um olhar sensível e uma **escuta visível**".[4] Segundo Maria Emília López, ler crianças "é uma das tarefas mais complexas que podemos imaginar". Isso porque exige dos adultos gerir o tempo Chronos e Kairós e assumir seu lugar de autoridade, ou seja, a responsabilidade sobre o fazer pedagógico (que está diretamente ligado ao conhecimento específico acerca do desenvolvimento infantil) e ser capaz de VER e ESCUTAR as infâncias (acolher as subjetividades e necessidades próprias dos bebês e crianças).

Manoel de Barros, ao falar de sua infância no Pantanal, dizia que **"O tempo era parado. Ou passava devagar que lesma. Às vezes a lesma chegava primeiro que o fim do dia."** Nas minhas lembranças de infância, em Paquetá, também sentia os dias assim... Será que o tempo para se intimar com as coi-

4 – Escuta visível é um termo utilizado por Vea Vecchi, atelierista das escolas de infância de Reggio Emilia, ao falar da importância de praticarmos uma pedagogia da escuta no dia a dia da escola como forma de tornar visível ao mundo as cem linguagens das crianças.

sas, o chamado tempo da experiência, é o segredo para ativar a criatividade e imaginação e nos levar a memórias e lugares extraordinários?

Um bom começo para responder a essa pergunta é nos indagarmos e observarmos: Como nos relacionamos com o tempo na contemporaneidade? Como as crianças se relacionam com o tempo? Há diálogo entre os tempos da infância e da escola? Como nos relacionamos com os tempos da infância?

Agostinho da Silva, filósofo e poeta, compara o estado de presença no brincar com a suspensão do tempo. Para ele, esse movimento das crianças no gesto do brincar espontâneo carrega um tempo suspenso e estado alterado. Estudos recentes do Projeto Criança e Natureza (uma iniciativa do Instituto Alana que tem como objetivo fomentar na sociedade a importância e os benefícios das crianças estarem em contato com e na natureza para seu desenvolvimento integral. O projeto também traz à tona discussões sobre preservação do planeta partindo do conceito que somos natureza e só cuidamos do que conhecemos e amamos) comparam o brincar das crianças com o meditar dos adultos, exatamente pela capacidade de entrega, prazer e presença que essa manifestação convoca. Vários autores correlacionam as experiências do brincar infantil com as atividades poéticas e artísticas dos adultos, porque ao nutrir o imaginário com sensações, imagens e percepções as crianças ampliam seu repertório de ideias e metáforas, e, naturalmente desenvolvem a imaginação. Freud destaca que

VEJA AQUI

na brincadeira e na poesia, crianças e adultos criam mundos fantásticos e os habitam com paixão, sem, no entanto, confundi-los com a realidade. E vai além: afirma que a lembrança do prazer do brincar é tão intensa que os adultos, ao renunciarem à brincadeira, devido ao peso da realidade, buscam fantasias para sobreviver.

Rubem Alves, ao narrar pequenas histórias no livro *Quando eu era menino*, conta sobre a força do faz de conta ao dizer que "a imaginação é um poder mágico que existe na nossa cabeça", e afirma, com veemência, que a imaginação gosta de brincar, e que é brincando de faz de conta que ela faz brinquedo ao transformar, por exemplo, cabo de vassoura em cavalo de pau, bolinhos de lama em brigadeiros, galhos de árvore em varinhas de condão, espadas em lápis de desenhar na terra.

Ao observar, com atenção, as crianças no brincar espontâneo, percebemos um interesse latente pelas "coisas do mundo". Pesquisadoras natas, na ânsia de descobrir quem são e como as coisas funcionam, usam todos os sentidos do corpo para identificar as qualidades dos objetos no seu entorno. Atentas, nada passa despercebido por elas. Tudo importa, especialmente as coisas da terra e os lugares de trabalho onde "transcorrem atividades sobre as coisas", afirma Walter Benjamin. Não à toa há um interesse genuíno dos pequenos pelos resíduos e materiais da vida cotidiana. Não aquelas imitações que a indústria do consumo produz artificialmente, mas os objetos "de verdade", com peso, ranhuras, texturas, histórias e memórias. Quem nunca viu uma criança se interessar mais pela caixa do brinquedo do que pelo próprio brinquedo? Acompanhar com atenção formigas em seus caminhos? Ou coletar miudezas e cacarecos e colocar em bolsinhos secretos como grandes tesouros? Esse desejo pelos objetos da vida é genuíno, porque eles carregam toda a força enérgica do trabalho, da ação do corpo no mundo. Gaston Bachelard, filósofo e poeta, afirma que ao escavar a terra, escavamos memórias de quem somos.

Sendo assim, reescrever memórias do tempo-infância, contar histórias e refletir sobre acontecimentos, em companhia, pode ser uma das estratégias teórico-metodológicas para formar professores livres de concepções enraizadas, práticas diretivas e discursos opressivos, que reconheçam no gesto espontâneo do brincar a potência expressa nas manifestações infantis.

Sem subestimar a relevância dos estudos teóricos acerca das infâncias e suas linguagens, para promovermos um cotidiano para as crianças que garanta os seus direitos é preciso fomentar nos educadores o direito à beleza.

Fundamental para a preservação da nossa espécie, a beleza que defendemos é avessa ao consumo e valoriza o SER em prol do FAZER. Está na escola do gesto, da palavra, do olhar que acolhe. Nos proporciona a capacidade de refletir sobre si mesmo, oferece estímulos para uma formação cultural, reconhece com seriedade o que funciona ou não em cada instituição e, acima de tudo, potencializa o diálogo entre os atores sociais da comunidade escolar, com o intuito de analisar a própria prática e enriquecê-la a partir de três aspectos: TEMPOS, ESPAÇOS e MATERIAIS.

Tempo que seja oportuno para que as crianças vivam suas infâncias com leveza, alegria e inteireza. Espaços "**esteticamente habitáveis**,"[5] que sejam vivos, que convidem à interação, à relação e ao diálogo entre adultos e crianças, para que se sintam pertencentes e acolhidos nas suas necessidades e subjetividades. Materiais que sejam ativadores de aprendizagem, de preferência não estruturados (naturais ou reciclados), e livros, porque ambos acionam imagens e o imaginário infantil de forma a serem instrumentos que colocam coisas em relação e tornam visíveis ideias e pensamentos, nas múltiplas linguagens. O que Loris Malaguzzi chama de cultura do **ATELIÊ**.[6]

Mais do que um espaço físico, o ateliê é um "estado de presença", uma nova forma de se relacionar com o conhecimento e com a vida, que possibilita pensar por metáforas, colocando "coisas aparentemente distantes em relação". Laboratório de pes-

5 – Termo utilizado por Alfredo Hoyuelos no livro *A estética no pensamento* e obra de Loris Malaguzzi para designar o espaço-ambiente das escolas de infância de Reggio Emilia, a partir dos princípios éticos e estéticos de uma abordagem projetual e prática pedagógica participativa.

6 – Loris Malaguzzi, professor italiano e idealizador da filosofia de Reggio Emilia, concebe a ideia da escola como um ateliê, laboratório de pesquisa e investigação, que tem como objetivo romper com uma lógica do fazer, da atividade, para uma lógica da experiência estética. Experiência vista como oportunidade de aprendizagem nas múltiplas linguagens. Para o professor Malaguzzi "as crianças são feitas de cem linguagens e a escola rouba noventa e nove".

quisa da vida cotidiana, a escola, como um grande ateliê, propõe diálogos entre dentro e fora. Os ambientes internos e externos são organizados em contextos investigativos, criando uma atmosfera acolhedora e de pertencimento, para além da sala de referência. Um dos princípios estéticos e éticos do ateliê é oferecer maiores oportunidades de experiências com, na e para a natureza, através de "ateliês *in natura*".

Os ateliês *in natura* são vistos pelos italianos como espaços que sustentam a cultura da infância. A natureza apoia o desenvolvimento atencional, organiza os ritmos internos do corpo, a capacidade de tomar decisões, lidar com imprevistos, de assumir responsabilidade, ter maior consciência de si, criar, imaginar, narrar histórias e acontecimentos, supor teorias e pensar criticamente. Para Dewey, uma educação autêntica acontece no mundo e com o mundo, pois é a partir das experiências concretas que as aprendizagens se dão. Como afirma Monica Guerra, "é preciso atravessar as portas dos edifícios educacionais e escolares, seja como aspiração teórica ou *habitus* prático".

No entanto, mesmo com todo o conhecimento teórico sobre a necessidade de "desemparedar as infâncias" e leis que sustentam os direitos das crianças, por que na maioria das cidades e escolas brasileiras ainda vivenciamos contextos educativos cada vez mais urbanizados e fechados, que valorizam uma abordagem educativa orientada para o desempenho apenas cognitivo, sem promover liberdade, espaço e tempo para o brincar com e na natureza?

Se desejamos uma sociedade de bem viver, é urgente encontrarmos um novo equilíbrio na práxis pedagógica. Considerando que o melhor brinquedo que temos é a nossa imaginação, e que é papel da escola ampliar o repertório de imagens e as lentes culturais das crianças, “brincar com nada” pode ser a revolução que faltava no chão da escola brasileira.

REFERÊNCIAS

ALVES, Rubem. *Quando eu era menino*. Campinas, SP: Papirus Editora, 2013.

AMORIM, Marília. *O pesquisador e seu outro*: Bakhtin nas Ciências Humanas. São Paulo: Musa, 2001.

BACHELARD, Gaston. *A terra e os devaneios da vontade*: Ensaio sobre a imaginação das forças. 5. ed. São Paulo: WMF Martins Fontes, 2019.

BARROS, Manoel. *Cantigas para um passarinho à toa*. São Paulo: Companhia das Letrinhas, 2018.

BARROS, Manoel. *Matéria de poesia*. Rio de Janeiro: Record, 2001.

BARROS, Manoel. *O livro das ignorãças*, Rio de Janeiro, 2016

BAUMAN, Zygmunt. *Modernidade líquida*. Rio de Janeiro: Zahar, 2021.

BENJAMIN, Walter. *Magia e técnica, arte e política:* ensaios sobre a literatura e história da cultura. Editora Brasiliense, 1994

BENJAMIN, Walter. *Reflexões:* a criança, o brinquedo, a educação. São Paulo: Summus, 1984.

BENJAMIN, Walter. *Rua de mão única* — Obras Escolhidas, Volume 2. São Paulo: Brasiliense, 2013.

CRIANÇA E NATUREZA. Disponível em: https://criancaenatureza.org.br/pt/.

Acesso em: 27 jul. 2024.

EDWARDS, Carolyn; GANDINI, Lella; FORMAN, George, *As cem linguagens da criança*: Volume 2 — A experiência de Reggio Emilia em transformação. 3. ed. Porto Alegre: Penso Editora, 2015.

FERREIRA, Marcelo Santana. Walter Benjamin e a questão das narratividades. *Mnemosine*, [S. l.], v. 7, n. 2, 2011. Disponível em: https://www.e-publicacoes.uerj.br/index.php/mnemosine/article/view/41479. Acesso em: 22 set. 2024.

GOBBI, Marcia Aparecida; PINAZZA, Mônica Appezzato. *Infância e suas Linguagens*. São Paulo: Cortez, 2017.

GUERRA, Monica. *As mais pequenas coisas*: exploração como experiência educativa. São Paulo:Pedro e João Editores, 2022.

HAN, Byung-Chul. *A salvação do belo.* Petrópolis: Editora Vozes, 2019.

HAN, Byung-Chul. *Sociedade do cansaço. Petrópolis:* Editora Vozes, 2015.

HOYUELOS, Alfredo. *A estética no pensamento e na obra pedagógica de Loris Malaguzzi*. São Paulo: Phorte Editora, 2020.

LEITURINHA, Literatura. *6 poemas de Manoel de Barros para ler com as crianças,*

Disponível em:https://leiturinha.com.br/blog/poemas-de-manoel-de-barros/ Acesso em: 15 de outubro de 2024.

LÓPEZ, Maria Emília. *Um mundo aberto:* Cultura e primeira infância. São Paulo: WMF Martins Fontes, 2018.

VECCHI, Véa. *Arte e criatividade em Reggio Emilia.* Explorando o papel e a potencialidade do ateliê na educação da primeira infância. São Paulo: Phorte Editora, 2017.

O direito ao encanto

ISABELLA SÁ

"Em cada criança, todas as coisas do mundo são feitas de novo e o Universo é posto à prova."
G. K. Chesterton

O maior segredo a ser desvendado por todo professor é descobrir como despertar o brilho nos olhos de seus alunos sobre o conhecimento. Por muito tempo, se acreditou que o saber constituído pela humanidade deveria ser transmitido pelos professores, aqueles que iriam até o mundo, aprenderiam, resumiram em cortes didáticos e os reapresentariam de forma palatável para encantar os alunos. Mas esse encanto, que é movido pela paixão, não pode ser repassado por tabela, não é algo que se experimenta de fora para dentro. Ele acontece quando somos tomados pelo sentimento de estarmos diante de algo que nos provoca a imaginação, que nos dispara perguntas, que nos move a explorar. Esse sentimento, que Helen De Cruz chama de "wonder" e Catherine L'Ecuyer de "assombro" — e que aqui chamaremos de encanto —, é a única mola mestra que nos abre possibilidades apaixonadas de enxergar o conhecimento com o brilho nos olhos de quem o descobre pela primeira vez.

Esse é o segredo aqui partilhado: encante! O encanto provoca a surpresa que nos leva a olhar a vida com a certeza de que é extraordinária. Transforme cada encontro com o conhecimento como se você fosse o artista que se maravilha com o efeito da luz na natureza a ser retratada, como o cientista que investiga a reprodução da célula no microscópio ou ainda como o filósofo que busca entender as relações entre as pessoas.

A Educação Infantil conhece o poder do encanto desde que **Froebel** defendeu que aprendemos mais e melhor se interagimos diretamente com o mundo. De lá para cá, muitas abordagens têm nos ajudado a pensar a aprendizagem como descoberta, a ativar a curiosidade e as perguntas em ambientes esteticamente elaborados para a investigação. Neste capítulo escolhi falar daquelas que mais nos influenciam no momento, a abordagem de Reggio Emilia e a aprendizagem por projetos. Parafraseando o poeta Thiago de Mello, não tenho caminho novo, mas tenho de novo o jeito de caminhar. Vamos apreciar a vista enquanto caminhamos juntos?

Acredito que precisamos entender melhor o encanto das crianças para não o transformar apenas em alegre euforia. Acredito que precisamos nos responsabilizar por ambientes que instiguem a magia do pensamento. Acredito que todo projeto precisa estar imerso em arte e cultura para fomentar olhares diversos sobre o mundo.

Se essas crenças ecoam em sua alma de educador, então siga-me e vamos partilhar segredos.

O poder do encanto

"O encantamento é a primeira paixão de todas."
Descartes

É durante a infância que faremos nascer a paixão pelo conhecimento. Na Educação Infantil reside o terreno em que se apoiará o estudante de toda a vida, é conosco que se inaugura o sujeito que se constitui curioso, destemido e certo de que só pode aprender quem procura respostas para as mais fascinantes perguntas. Esse é o tempo em que olhamos o mundo a cada dia, a cada descoberta, com o olhar do inédito. Em cada criança que vive plenamente sua infância em ambientes instigantes e criativos, o universo faz uma nova estreia.

Essa é a nossa missão como educadores da infância: oferecer tempo para que o assombro da vida se faça presente em nossos projetos, para que nossas crianças possam exercer plenamente o encanto pelo mundo.

"Olha só essa minhoca cheia de cabelo" — exclama B., 3 anos, ao se deparar com uma lagarta no quintal da escola. Esse convite é suficiente para atrair todas as crianças que imaginam um bicho cabeludo e engraçado, para convocar o instinto protetor dos adultos por perto, que conhecem vários tipos de "minhocas" nem sempre tão inofensivas, e até ativar a coordenação para descobrir no Google a resposta à pergunta que certamente surgirá: pode pegar? É assim, no maravilhoso chão da escola, que se experimenta a emoção de *wonder* descrita por Helen De Cruz em seu livro *Wonderstruck*. Para ela, esse sentimento de *wonder*, ou encanto maravilhado, em tradução espontânea, surge quando vislumbramos uma fresta de desconhecido que se apoia um pouco além do que conhecemos. Esse sentimento exige acomodações cognitivas, usamos o que já conhecemos para desvendar o mistério da nova experiência, segundo De Cruz.

A força do encanto é o de provocar emoções epistêmicas, que são aquelas que nos movem a explorar o ambiente e aprender mais sobre ele. As emoções epistêmicas incluem curiosidade, dúvida, maravilhamento e surpresa. Esse é o melhor de todos os segredos para os professores da Educação Infantil, provocar encanto é gerar dúvidas e perguntas sobre o que ainda não sabemos. Existe motor melhor para o aprendizado?

Essa curiosidade despertada pelo encanto pode ser definida como desejo de conhecimento. Segundo Catherine L'Ecuyer, quando o mundo nos assombra, somos cativados pela surpresa que nos move a conhecer mais. É como se pudéssemos inventá-lo outra vez. "Mamãe, por que faz barulho quando o raio aparece?", "Como a fada dos dentes sabe que perdi o dente?", "Para onde vai a lua quando o dia nasce?", "Por que não cabe toda a areia do parquinho no meu balde?". Se pararmos para escutar as crianças, podemos ouvir as hipóteses que criam ao se depararem com os mistérios do mundo. Como disse Albert Einstein: "O mistério é a coisa mais bonita que podemos experimentar. É a fonte de toda a arte e ciência." Ao acreditarmos que do encanto nascem as perguntas e o desejo de conhecer, percebemos que precisamos aprender a oferecer mistérios às nossas crianças.

Reggio Emilia e a estética dos ambientes instigantes — o poder do belo

> **"Nossa tarefa é ajudar as crianças a escalarem suas próprias montanhas."**
>
> ***Loris Malaguzzi***

O encanto é um catalisador poderoso para o aprendizado e a criatividade, alinhando-se perfeitamente com os princípios da abordagem Reggio Emilia. Quando as crianças experimentam essa emoção, elas se tornam profundamente curiosas e motivadas a explorar seu entorno (Edwards; Gandini; Forman, 2011). Essa curiosidade as leva a fazer perguntas, buscar respostas e se engajar em descobertas significativas. O ambiente projetado com diversas linguagens e materiais, como sugerido pela abordagem de Reggio Emilia, desperta a imaginação, permitindo que as crianças imaginem possibilidades além de sua realidade imediata, promovendo uma mentalidade que abraça a inovação e a criatividade. À medida que mergulham no desconhecido, as crianças exploram e formulam hipóteses, experimentam e testam suas descobertas, levando a uma busca de compreensão do mundo ao seu redor (Kashdan; Fincham, 2004).

Nessa abordagem, as crianças são incentivadas a se envolver em projetos e atividades que despertam sua imaginação e criatividade, permitindo-lhes construir conhecimento por meio de experiências estéticas repletas de descobertas. Vea Vecchi, uma das primeiras atelieristas de Reggio Emilia, ecoa esses sentimentos, enfatizando a importância de proporcionar às crianças experiências ricas e sensoriais que provoquem sua curiosidade natural. Vecchi argumenta que a arte e a criatividade são essenciais para fomentar um senso de encantamento, pois permitem que as crianças expressem suas ideias e emoções de diversas maneiras. Segundo ela, os ambientes precisam estar preparados para causar encanto, pois só assim irão misturar emoção e cognição, vontade de explorar e surpresa. Nesses encontros, a escola oferece a alegria do inesperado, que dispara experiências e perguntas, enfatiza a criança criativa, repleta de potencial, com direito de tirar sentido da vida e utilizar muitas linguagens.

Ao fomentar um senso de maravilha, educadores e cuidadores podem criar um ambiente de aprendizado enriquecedor que não apenas estimula o desenvolvimento cognitivo, mas também promove o crescimento holístico, preparando as crianças para serem indivíduos reflexivos, criativos e compassivos (Eisner, 2002).

Esse é o segredo do surgimento da criatividade: deixar o pensamento passear em ambientes esteticamente planejados para despertar desejo de exploração. O professor precisa, portanto, transformar-se em curador de ambientes. Tal como numa exposição em um centro cultural, o professor-curador é aquele que escolhe o que será exibido em um ambiente instigante para a imaginação, que paleta servirá de tela, que materiais estarão disponíveis. Quando adentramos um ambiente assim, estamos diante do belo que nos encanta e que imediatamente nos leva a explorar cuidadosamente, a contemplar e caminhar como se estivéssemos sonhando. É assim, sem pressa, que criamos.

Toda criança tem direito ao belo e à possibilidade de sonhar ao aprender.

Não é qualquer projeto que dispara perguntas — o poder da curiosidade

> **"Se você soubesse o que está fazendo enquanto está investigando um problema, então, não estaria pesquisando."**
>
> ***Einstein***

Projetos guiados pelos interesses e curiosidades das crianças permitem um envolvimento mais profundo e uma atenção sustentada às atividades de aprendizado. Quando as crianças têm a liberdade de explorar tópicos que as fascinam, sua curiosidade natural leva a uma investigação e descoberta significativas. Fazer uso da aprendizagem por projetos não apenas apoia o desenvolvimento de habilidades para o pensamento crítico e a resolução de problemas, mas também promove a possibilidade de aprender a aprender. No contexto da Educação Infantil, a Pedagogia de Projetos é particularmente encantadora, porque se alinha com as necessidades de desenvolvimento e estilos de aprendizagem das crianças pequenas. Ela enfatiza o jogo, a exploração e a colaboração, que são componentes críticos do aprendizado.

Como defende **Mitchel Reznick**, a capacidade de fazer perguntas e explorar apaixonadamente um problema vem da possibilidade da criança se engajar em projetos interessantes, que lhe sejam apresentados de forma criativa, que permitam buscar caminhos em diversas áreas de conhecimento, se encantar em fazer perguntas e partilhar buscas com os seus colegas. Em outras palavras, um projeto precisa provocar desejo de pesquisa.

O segredo ao envolver as crianças em um projeto depende de entender que estarão em jogo todas as etapas de um processo criativo. É preciso pensar com cuidado e escolher um bom problema a ser solucionado, escutar as inúmeras hipóteses que as crianças fazem, registrar o que já sabem ou o que pensam saber, puxar os fios das perguntas para buscar respostas e partir para pesquisas. Os problemas não surgem quando estamos sentados discutindo o que já sabemos, surgem quando saímos com lupas e antenas ligadas para observar o mundo. São tantas as descobertas a serem feitas! O projeto precisa partir de uma boa e curiosa situação, como ao trazer um microscópio com uma pequena joaninha a ser observada, ao comparar as florestas de diferentes histórias, ao ouvir os barulhos do coração com um estetoscópio, ao tentar identificar os instrumentos em uma sinfonia.

Essas situações despertam emoções que estão diretamente ligadas ao nosso desejo de entender e dar sentido ao mundo ao nosso redor. Quando as crianças pequenas encontram situações novas e intrigantes, suas emoções epistêmicas são desencadeadas, levando-as a explorar, fazer perguntas e buscar respostas. Essa inclinação natural para a investigação é fundamental na Educação Infantil, pois impulsiona o desenvolvimento cognitivo e promove o amor pelo aprendizado. Ao reconhecer e nutrir essas emoções, os educadores podem criar um ambiente que estimula o crescimento intelectual e a curiosidade.

As crianças aprendem e se desenvolvem mais quando diante desses quebra-cabeças de possibilidades. O encanto reside em fazer perguntas — e o educador precisa se apaixonar por escutá-las.

A arte e a visão do mundo — o poder da cultura

"A arte existe porque a vida não basta."
Ferreira Gullar

A arte, em todas as suas representações, é uma das maiores expressões de encanto que podemos encontrar. Se acreditamos na força dessa emoção para promovermos o estado onírico de exploração do mundo, não podemos deixar a arte de fora dessa experiência. Desde as marcas nas cavernas, passando por inúmeros artistas até as primeiras garatujas em giz de cera das crianças, a arte foi e sempre será uma das principais formas de expressão com que nós, humanos, interpretamos a realidade à nossa volta.

É inegável que a arte nos inspira a pensar sobre o mundo e sobre a vida, mas ela ainda permite que possamos analisar diferentes perspectivas e ideias sem julgamento ou certezas. A exposição à arte ajuda as crianças a desenvolverem uma apreciação pela estética e pela beleza. Cultiva o seu sentido de gosto e julgamento, encorajando-os a discernir a qualidade nas obras e criações artísticas (Pariser, 2001).

Ao incluirmos obras de arte em nossos ambientes estéticos, acrescentamos na investigação das crianças a possibilidade de perceber estratégias diferentes de representar o mundo. Não só aprender a apreciar as técnicas e cores usadas na obra, mas, principalmente, a parte do mundo ali representada que traz um tempo histórico e seus costumes e valores. Esse é o poder da arte como chave para revisar a cultura criada pela humanidade. Por intermédio da arte podemos estabelecer diálogo sobre o nosso tempo e como evoluímos, e, melhor que tudo, podemos fazer essa viagem sem julgamentos de certo ou errado, mas com uma postura curiosa de quem, tal qual a personagem Mary Poppins no filme, "pula" para dentro dos quadros para brincar com as inúmeras possibilidades das paisagens, costumes e experiências.

Escolha bem as obras de arte e as inclua em todos os projetos. A arte tem o poder do encanto transformador e enriquecedor em toda pesquisa. Seja para inspirar, ensinar, entreter ou desafiar, a arte sempre promove a interpretação e compreensão da cultura e a riqueza da experiência humana no mundo.

As manifestações culturais nos constituem como sujeitos da cultura, e as crianças, ao conversar com essas representações, ampliam suas possibilidades de pesquisar e criar. Ao olhar uma obra de arte, a criança pode ser levada a dizer o que vê e relatar o que imagina. Essas possibilidades de interação instigam o pensamento e provocam o encanto. Elemento essencial para seguirmos aprendendo.

As crianças precisam de arte e cultura em seu mundo para poder inventar outros mundos.

Convite: o poder da magia na escola

"É necessário se espantar, se indignar e se contagiar: só assim é possível mudar a realidade."

Nise da Silveira

Nesses tempos em que a infância se encontra atropelada, é na escola que o encontro com a magia deve estar preservado. Temos, portanto, uma missão como educadores da infância: manter o encanto na apresentação do mundo, a excitação de investigar na brincadeira, o convite de um ambiente esteticamente belo, a curiosidade de um projeto cheio de perguntas e o deslumbre das obras de arte.

Vamos juntos e de mãos dadas fomentar a curiosidade e oferecer ambientes tão inesperados quanto enriquecedores. Só assim para garantir o desejo e o encanto pelas descobertas do mundo e pelo conhecimento que pode encontrar soluções inéditas para um mundo melhor. Vamos garantir às nossas crianças o direito ao encanto e nada menos!

"A infância é quando ainda não é demasiado tarde. É quando estamos disponíveis para nos surpreendemos, para nos deixarmos encantar."

Mia Couto

REFERÊNCIAS

L'ECUYER, Catherine. *Educar na Curiosidade: A Base da Experiência de Aprender*. Lisboa: A Esfera dos Livros, 2013.

DE CRUZ, Helen. *Wonderstruck: How Wonder and Awe Shape the Way We Think*. New Jersey: Princeton University Press, 2024.

EDWARDS, Carolyn; GANDINI, Lella; FORMAN, George. *The Hundred Languages of Children: The Reggio Emilia Experience in Transformation*. Santa Barbara: Praeger, 2011.

EINSTEIN, Albert. *The World As I See It*. Nova York: Citadel Press, 1993

FROEBEL, Friedrich. é mencionado no livro: GONZALEZ-MENA, Janet. *Foundations of Early Childhood Education: Teaching Children in a Diverse Society*. 6ª ed. Boston: McGraw-Hill, 2011

KASHDAN; FINCHAM.KASHDAN, Todd B.; FINCHAM, Frank D. "Facilitating Curiosity: An Alternative Approach to Positive Psychology." *Ricerche di Psicologia*, 2004.

CHESTERTON, G.K. *In Defense of Sanity: The Best Essays of G.K. Chesterton*. Editado por Dale Ahlquist, Joseph Pearce, e Aidan Mackey. San Francisco: Ignatius Press, 2011

EDWARDS, Carolyn; GANDINI, Lella; FORMAN, George. *The Hundred Languages of Children: The Reggio Emilia Experience in Transformation*. Santa Barbara: Praeger, 2011.

GULLAR, Ferreira. *Argumentação Contra a Morte*. Rio de Janeiro: José Olympio Editora, 1993.

SILVEIRA, Nise da. *Imagens do Inconsciente*. Rio de Janeiro: Alhambra, 1981.

COUTO, Mia. *E se Obama fosse africano?* Lisboa: Editorial Caminho, 2009

MELLO, Thiago de. *Os Estatutos do Homem*. Rio de Janeiro: Civilização Brasileira, 1977.

DESCARTES, René. *As Paixões da Alma*. São Paulo: Martins Fontes, 2001.

KASHDAN, Todd B.; FINCHAM, Frank D. Facilitating Curiosity: A Social and Self-Regulatory Perspective for Scientifically Based Interventions. *Ricerche di Psicologia*, v. 27, n. 1, p. 5-20, 2004.

Isso é comida? Tudo começa com uma simples pergunta...

RONA HANNING

"O mundo vale o mundo se te fizeres valer."
Milhanas

Este texto é um convite. Isso mesmo, um convite para que a gente dê as mãos e caminhe juntos pela sua alimentação. Nada de julgamentos prévios, nada de listagens contando calorias ou seguindo modismos nutricionais. Não, não, nada disso. Vamos aprofundar nosso olhar pelos comportamentos que fazem com que tenhamos vontade de comer isso ou aquilo.

Vamos?

Então, pense: Qual foi a última coisa que você comeu? Relembre o percurso que fez até comê-la. Onde estava, a que horas, o que estava acontecendo ao seu redor e dentro de você? E, por fim, qual a sensação que teve depois de terminar de comer?

Byung-Chul Han é um filósofo sul-coreano radicado na Alemanha que propõe uma crítica à forma como olhamos o mundo e a nós mesmos.

São muitos os fatores e as influências que definem o que colocamos na boca, não é? Vamos parar um minuto e pensar sobre eles. Para isso, vamos incluir na nossa conversa um pensador sul-coreano que tem nos alertado sobre como estamos vivendo nesta sociedade contemporânea. **Byung-Chul Han** tem escrito verdadeiros manifestos sobre a crise da contemporaneidade, o isolamento humano, as angústias crescentes num tempo que investe em ser cada vez mais impalpável e acelerado. Han defende a necessária recuperação da cotidianidade, da posse de si e do seu próprio tempo, para que o indivíduo recupere a sua pessoalidade, sua voz, sua história. Um antídoto contra a automação gerada pela (con)fusão entre o virtual e o real.

E o que isso tem a ver com o que você acabou de comer? TUDO!

Por isso estamos de mãos dadas, para que a gente vá percorrendo esse caminho, compondo esse quebra-cabeça sigiloso, quase secreto, que faz tudo parecer desconexo.

O filósofo sul-coreano escreveu, em 2019, o livro *Hiperculturalidade: cultura e globalização*, e nele alerta para o empobrecimento da realidade, para a busca do ser humano por um pertencimento irreal e o esvaziamento das diversidades culturais. Nesta sociedade hiperconectada, o que temos vivenciado é o desaparecimento de determinadas formas de vida.

Lembra do que você comeu? Será que esse alimento não se relaciona com um modo de viver, de consumir e de pertencer? Vou simplificar a pergunta: levando em consideração o contexto em que você estava quando comeu pela última vez até ler este texto, não daria para fazer uma síntese parecida com tudo isso daí que o Byung-Chul Han está apontando? Os produtos que consumiu estão enraizados na sua própria vida, nos seus costumes, ou parece que chegaram de repente na sua frente para resolver a sua necessidade imediata? Pense a respeito.

Ele tem um outro livro, de 2021, chamado *O desaparecimento dos rituais: uma topologia do presente*, em que faz o seguinte destaque: "Rituais transformam o estar-no-mundo em um estar-em-casa. Fazem do mundo um local confiável."

Com o isolamento, a solidão e o crescente quadro de depressão no planeta, Han aponta para uma das mais graves patologias do presente: "a erosão da comunidade". Sim, aquela comunidade de pertencimento sociocultural, a da vida real, e não a busca por aquela virtual, das telas. Diz ele que quanto mais estivermos nos relacionando com as comparações propostas pelas redes digitais, mais sós e anulados estaremos. E daí precisaremos anestesiar o isolamento nos disponibilizando cada vez mais ao outro inexistente. Um ciclo viciante, paralisante e destrutivo.

Vamos voltar para a nossa relação com a comida — juntos com Han e as comidinhas que nos salvam no corre do dia a dia. Com aquela vontade danada que dá de comer algo que nos conforte e aplaque um incômodo que está insistindo em aparecer e que queremos calar com uma besteirinha gostosa. Aparentemente a busca é apenas por um conforto ocasional, nada alarmante. Mas a verdade é que não é bem assim, costumamos recorrer a esse apelo bem mais do que parece.

Ok, combinamos que não seria um texto com julgamentos nem modas nutricionais. Mas vamos além para nos determos nas informações veladas, nos comportamentos que precisamos atentar para não passarem despercebidos. Vamos cuidar aqui da cotidianidade com significado, dos rituais que devolvem afeto ao dia a dia, entender que o ser humano se alimenta não apenas de nutrientes, mas de sensações, memórias e sentidos.

Nessa nossa jornada, quero trazer também para a conversa o sociólogo e antropólogo francês **David Le Breton**, que transgride a frase cartesiana e diz "sinto, logo sou", enfatizando que "os sentidos são como o pensamento do mundo". Assim, acredita que o homem precisa experimentar sua própria existência mediante as ressonâncias sensoriais e perspectivas advindas delas, uma vez que caminha por um universo sensorial vinculado à sua cultura e história pessoal.

E não é exatamente isso que sentimos quando estamos diante de um almoço com a família? Quando recuperamos uma receita afetiva, da mais simples à mais complicada, e revivemos seus sabores? Sim, uma simples macarronada pode guardar toda a complexidade dos pensamentos de Breton e Han. Mas para isso precisamos mudar a nossa perspectiva, ampliar o modo como vivenciamos o que comemos.

David Le Breton é sociólogo, antropólogo e psicólogo. Seus livros refletem sobre o lugar do corpo e os desafios das sociedades contemporâneas.

Combinamos de não largar as mãos nesta leitura, porque sabemos que o modo como estamos nos alimentando não depende só da vontade de cada um, de quanto dinheiro temos para gastar, do tempo ou das condições de vida. De tantos jeitos quanto possível, comer tem sido uma das questões mais complexas do planeta.

Foi por isso que eu perguntei, no início do texto, em quais condições você estava quando comeu pela última vez. São sempre muitas possibilidades, inclusive a de não ter comido. Mas essa questão vamos deixar para uma próxima conversa (apesar da urgência em falarmos sobre a crescente insegurança alimentar no país). Aqui, neste texto, vamos ficar com os caminhos infindáveis de quando temos o alimento disponível.

E é assim que chegamos a uma das questões mais inquietantes do mundo contemporâneo: como é que a alimentação deixou de ser solução e passou a ser um dos maiores problemas da atualidade? Como é que deixamos de pensar sobre o assunto, deixamos de fazer escolhas e apenas engolimos o que nos é ofertado? Ou, pior, pensamos que escolhemos e embarcamos no que é mais bem apresentado, aquilo que estiver mais sedutoramente disponível. Essa será nossa "livre escolha"?

O Brasil aponta para índices alarmantes de obesidade e sobrepeso. Quase metade da população adulta está nessa situação, o que indica um grave quadro de saúde pública na sociedade atual.

Por isso precisamos tomar consciência dos cenários que nos levam ao que comemos. Há uma natureza sistêmica que cria o ambiente alimentar a partir do qual fazemos nossas escolhas. Vamos entender aqui esse *ambiente alimentar* como os locais que favorecem ou restringem o consumo, ou do que pensamos escolher para comer. E, ainda, enfatizar que, nesse caso, a *natureza sistêmica* percorre cruzamentos entre dimensões econômicas, políticas e socioculturais que interferem e até direcionam a relação entre saúde e sociedade.

Atualmente várias instituições de pesquisa têm se debruçado sobre dois conceitos que definem bem esses ambientes:

pântanos alimentares — áreas em que há grande oferta de alimentos não saudáveis, ou seja, produtos com alto valor calórico e baixo teor nutricional, acompanhados de forte incentivo para seu consumo.

desertos alimentares — regiões com dificuldade de acesso a alimentos e/ou com escassa disponibilidade de alimentos saudáveis.

E o que esses conceitos indicam? Eles confirmam um colapso no modelo de acesso à alimentação. Por tantas vias, com maior ou menor poder socioeconômico, estamos engessados e assentados em desertos e pântanos adoecidos. E para podermos avistar novos horizontes, será necessário mergulhar na compreensão de quem somos, cada um de nós, nessa complexa teia social.

Quem queremos ser na busca por aquela pessoalidade sobre a qual o sul-coreano Byung-Chul Han falava há alguns parágrafos? E o que isso tem a ver com as crianças, com a escola, com a casa e as famílias? Tudo!

É essencial cultivar ecossistemas que fomentem relações mais significativas, em contraste com as que foram esvaziadas pelo consumo. Devemos olhar para a educação — tanto escolar quanto comunitária — como um grande universo sistêmico, em que a interrelação entre pessoas e ambientes cultive as diversidades, fomente os espaços para as pessoalidades e amplifique a pluralidade real.

As escolas podem ser territórios férteis para a construção de propostas e práticas cotidianas que transformam paradigmas. O espaço pedagógico é um importante campo de conhecimentos e transformação cultural, e, como tal, precisa incluir a cozinha como parte dessa revolução. Responsabilizar-se por uma cultura alimentar que promova a valorização e a salvaguarda das manifestações e representações socioculturais, atenta ao processo de produção, ao compromisso ético com toda a cadeia produtiva, com responsabilidade social e ambiental, fazendo da cozinha um lugar de inclusão, valorização e produção de conhecimentos.

Como argumenta Vanessa Moreira, coordenadora da escola de gastronomia social Ivens Dias Branco, no Ceará:

SAIBA MAIS

Pensar sobre o que se come e o que se cozinha é um exercício de perceber ações consideradas naturais como atos políticos, que consideram os efeitos e as consequências das escolhas em relação à homogeneização da alimentação, à preservação das culturas alimentares, à saúde, à sustentabilidade do meio ambiente, à economia local.

Entre aquilo que você comeu lá no início até aqui, foram muitas voltas. Mas todos os pontos se entrecruzam quando refletimos sobre a urgência planetária de cuidarmos do solo, dos mares, dos rios, das árvores, dos animais e das pessoas. É necessário sintonizar com a natureza para continuarmos existindo neste planeta. Mas como estabelecemos essa verdadeira conexão sem a experiência de colocar as mãos na terra, plantar e colher, conhecer os diferentes biomas brasileiros para protegê-los sendo parte deles?

Voltando ao mesmo pensador sul-coreano já citado anteriormente e ao filósofo e ambientalista indígena brasileiro Ailton Krenak, há que aprender a escutar a natureza, ouvir seus silêncios, ler seus sinais e dialogar com ela para poder pertencer ao universo maravilhoso do mundo natural. Sem essas experiências não seremos mais capazes de encantamento. E sem ele perdemos uma grande capacidade humana.

Onde fica a relação desse encantamento com a cozinha, com os alimentos e com a natureza? Pois é nesse espaço de transformação, por si só, que podemos aprender que somos todos parte dessa gigantesca metamorfose.

Ao nos aliarmos à terra e tudo o que ela pode nos dar, investigando como produzir sem destruir, e ao escolhermos perdurar por várias gerações, cuidar uns dos outros e permanecer com nossa espécie, teremos que mudar a rota do caminho. Precisamos escolher novos pares para seguir conosco, romper com quem pactua com a destruição, com quem desterritorializa, mata, aniquila e elimina histórias e origens.

Para que quando perguntarem a você o que comeu recentemente, venha imediatamente a resposta de que comeu algo com sabor de verdade, com cor, textura, cheiro e gosto daquilo que existe no mundo real, e, portanto, carregada de história e muitas sensações.

Então, convido você a terminarmos este texto de mãos dadas, compartilhando ideias e convidando novos atores para entrar na cozinha, de casa ou da escola, e preparar algo para comer e compartilhar. Colocar a mão na massa, sentir e experimentar a transformação como potência educativa. Vamos?

REFERÊNCIAS

ADAMS, Carol; MESSINA, Virginia. *Cozinha de protesto*. São Paulo: Alaúde, 2021.

BRETON, David Le. *Antropologia dos sentidos*. Petrópolis: Vozes, 2016.

CONTRERAS, Jesús; GARCIA, Mabel. *Alimentação, sociedade e cultura*. Rio de Janeiro: Fiocruz, 2011.

GIL, Bela. *Quem vai fazer essa comida? Mulheres, trabalho doméstico e alimentação saudável*. São Paulo: Elefante, 2023.

HAN, Byung-Chul. *Capitalismo e impulso de morte*: ensaios e entrevistas. Petrópolis: Vozes, 2021.

HAN, Byung-Chul. *O desaparecimento dos rituais*: uma topologia do presente. Petrópolis: Vozes, 2023.

HAN, Byung-Chul. *Louvor à terra*: uma viagem ao jardim. Petrópolis: Vozes, 2022.

HAN, Byung-Chul. *Hiperculturalidade*: cultura e globalização. Petrópolis: Vozes, 2019.

KRENAK, Ailton. *Futuro ancestral*. São Paulo: Companhia das Letras, 2022.

LODY, Raul. *Kitutu* — histórias e receitas da África na formação das cozinhas do Brasil. São Paulo: Senac, 2019.

MICHAELS, David. O triunfo da dúvida. São Paulo: Elefante, 2024.

MOREIRA, Vanessa. *Comer e cozinhar*: a transformação do alimento em cultura. *Revista Kumbuka*, Ceará: Escola Gastronomia Social Ivens Dias Branco, 2023.

NESTLE, Marion. *Uma verdade indigesta*: como a indústria alimentícia manipula a ciência do que comemos. São Paulo: Elefante, 2019.

POLLAN, Michel. *Cozinhar*: uma história natural da transformação. Rio de Janeiro: Intrínseca, 2014.

RIBERA, Jordi Planella. *Corpo, cultura e educação*. São Paulo: Editora Unesp, 2017.

SALDANHA, Roberta Malta. *Culinária brasileira, muito prazer*. São Paulo: Senac, 2023.

SCRINIS, Gyorgy. *Nutricionismo*. São Paulo: Elefante, 2021.

TONON, Rafael. *As revoluções da comida*: o impacto de nossas escolhas à mesa. São Paulo: Todavia, 2021.

TULLEKEN, Chris Van. *Gente ultraprocessada*. São Paulo: Elefante, 2024.

LINKS

Guia Alimentar para a População Brasileira — Ministério da Saúde

Alimentación | Naciones Unidas

Alimentação | Idec — Instituto Brasileiro de Defesa do Consumidor

Soberania alimentar, mulheres e comida de verdade — conversa 1 | Cadernos de Agroecologia

Metade dos adultos brasileiros com obesidade em 20 anos — Fiocruz Brasília

PODCASTS

Prato cheio

Vai se food

Panela de impressão

A hora do chá: cultura e história da alimentação

Alimento é saúde — Rádio Brasil de Fato

Ser humano é ser neurodiverso

ANA ROSA AIRÃO

"O mundo necessita de todos os tipos de mentes."
Temple Grandin

Hoje pela manhã, me deparei com a seguinte notícia: "A Mata Atlântica ganha uma nova espécie de árvore frutífera! A recém-descoberta *Eugenia guapiassuana* foi assim batizada pelos pesquisadores em referência à localidade de Guapiaçu, no município de Cachoeiras de Macacu, onde foi encontrada pela primeira vez pelo Sr. Messias Gomes da Silva, funcionário da Reserva Ecológica de Guapiaçu (REGUA)." **Na foto**, vi uma frutinha linda que me lembrou uma miniatura de manga, bem vermelhinha, e descrita como de "polpa alaranjada e suculenta, bastante aromática e de sabor levemente ácido". Na hora, fiquei com vontade de provar: um sabor novo, uma fruta nova. Logo depois, a decepção: apesar da recente descoberta, a cereja-de-guapiaçu, como foi chamada, é uma espécie ameaçada de extinção devido à atividade agrícola

VEJA AQUI

e à expansão urbana. Talvez nunca chegue a feiras ou mercados para que possamos prová-la.

Muito se fala, na atualidade, sobre a ameaça à biodiversidade. Com a aceleração das mudanças climáticas e a degradação de diversos ecossistemas, existe o risco real da extinção de espécies de plantas e animais que nem sequer chegaremos a saber que existiam. Isso é assustador e compromete nosso futuro, pois implica em renunciarmos a experiências e conhecimento que a humanidade jamais vai ter. Porém, me assusta mais perceber que todos os dias estejamos acompanhando ataques em massa contra a neurodiversidade humana e mal nos damos conta disso. Ao longo dos últimos 25 anos, tenho acompanhado crianças e adolescentes neurodivergentes ou neuroatípicos com questões relacionadas ao desenvolvimento, e a riqueza humana nunca deixa de me encantar.

Meu convite, por meio deste texto, não é para uma conversa pessimista ou utópica. O que desejo é sua companhia para visitarmos o território da neurodiversidade buscando outros caminhos. Precisamos pensar em como preservar a neurodiversidade que caracteriza a essência do ser humano enquanto ainda temos tempo.

A crise da cooperação

**"Não são as crises que mudam o mundo,
e sim nossa reação a elas."**
Zygmunt Bauman

A palavra crise aparece o tempo todo na mídia, no que diz respeito a todos os aspectos de nossas vidas: crise econômica, social, de saúde mental e por aí vai. Estamos no meio de várias crises, mas não há nenhuma novidade evolutiva. Como espécie, sempre enfrentamos e vamos enfrentar desafios que põem nossa sobrevivência em risco. Mas a impressão que tenho é que o discurso parece tendenciosamente pessimista, não importa o tema. A quem interessa dizer que não temos como resolver? A quem interessa dizer que perdemos para os que exploram a natureza ou que a violência não tem jeito? Com certeza você já ouviu, ou até viveu, uma experiência que se encerrou com o chavão: "A inclusão não funciona. A inclusão, de verdade, não acontece." Para ser sincera, acho que ainda estamos nos primeiros minutos dessa luta. Realmente, o tempo passa e os desafios só crescem. É preciso escolher uma outra forma de reagir, seguir repetindo nos mantém no lugar. Só lamentar não ajuda.

A ciência sustenta há algum tempo que a competição é o principal motor da evolução — o mais apto ou o mais forte sobrevive e transmite seus genes para as próximas gerações. No entanto, Humberto Maturana, renomado neurobiólogo chileno, e o biólogo Francisco Varela trouxeram outras peças para esse quebra-cabeça evolutivo, por meio de suas teorias sobre cognição e autopoiese.

Maturana e Varela destacaram a importância da cooperação para a evolução e sobrevivência da espécie. Eles destacam que somos seres sociais e que nossa identidade como seres humanos se constrói na cooperação e aceitação do outro: "A cooperação não é uma característica adicional da condição humana; é um fenômeno biológico básico que torna possível para nós existirmos como os seres que somos." Cooperar é, portanto, algo que faz parte da nossa essência. Do ponto de vista evolutivo, de nada adiantaria ao mais forte estar sozinho; sem cooperação, ele não sobreviveria.

A aceitação está intrinsecamente associada à cooperação. Só é possível cooperar de forma efetiva quando aceitamos o outro como ele é, com suas características particulares, de forma legítima. Maturana e Varela acrescentam que: "[...] a aceitação do outro junto a nós na convivência, é o fundamento biológico do fenômeno social. Sem amor e aceitação do outro, não há socialização, e sem socialização, não há humanidade."

Quando analisamos os aspectos da diversidade humana, precisamos reconhecer que, se ela existe, é porque evolutivamente foi possível. De alguma forma, conseguimos, ao longo de milhares de anos, desenvolver um sistema social baseado na convivência e cooperação mútua. Porém, em algum momento da história, fomos persuadidos pela narrativa da competição como passaporte para a sobrevivência. Recentemente, ouvi do pai de uma criança com distúrbio de linguagem: "Como ele vai sobreviver neste mundo em que vivemos?" A preocupação é legítima e mexe com um dos maiores medos de quem tem filhos: o futuro.

O medo do futuro e nosso olhar sobre a infância

Existe uma relação direta entre nossa visão de futuro e a maneira como pensamos a infância. Em uma sociedade baseada na premissa de que o mais forte sobrevive, a infância passa a ser vista como um período de preparação para a "guerra" de viver em um mundo considerado hostil. É impossível não me lembrar de outra sociedade onde as crianças eram criadas para a guerra:

> A educação espartana é tida como extremamente rigorosa, é apresentada com o objetivo principal formar soldados fortes, valentes e capazes para a guerra. (...) Caso detectado algum problema físico seria lançado (o recém-nascido) de um penhasco pela própria mãe. (PINHEIRO, 2023)

Passamos, então, a criar as crianças, que por natureza são seres cooperativos, para se adaptarem a uma sociedade centrada na competição. Desde cedo, elas são pressionadas a buscar as melhores notas, a se destacarem nos esportes, a serem as mais bonitas e, atualmente, as mais populares (nossa versão moderna de soldados valentes?). Tudo isso vem, claramente, fragilizando as relações cada vez mais cedo e tornando a não aceitação do outro uma rotina.

É imprescindível entender que a Terra é naturalmente acolhedora ou não existiríamos como espécie. Os desafios que enfrentamos junto à natureza não foram criados para nos atacar. A natureza não tem juízo de valor sobre nós. E, como somos parte dela, ocupamos nosso espaço como espécie ao lado de todas as outras num ciclo de adaptação e ajustes mútuos. A chamada guerra pela sobrevivência é uma leitura de mundo privilegiada por aqueles que assumiram pela força, o direito de contar nossa história como humanidade. Nossa luta contra as intempéries, contra os animais ferozes, contra as doenças é nossa leitura do mundo. O toque de "sangue nos olhos e faca nos dentes" para dominar e explorar os processos naturais só existe para os seres humanos. Para todos os outros seres e a natureza como um todo, estes acontecimentos são ajustes dentro de um ecossistema global. Nós construímos a narrativa de que precisamos sobrepujar tudo ao nosso redor para continuarmos existindo.

A maneira de educar e criar nossas crianças também se formou neste contexto e precisamos refletir sobre como estes conceitos afetam nossas relações com elas. É absolutamente legítimo nos preocuparmos como nossos filhos conseguirão ser e estar num futuro que acreditamos como hostil, porém ao anteciparmos o treinamento para esta luta, começamos a criar no presente o futuro que detestamos e que não gostaríamos que eles tivessem. Quero reforçar aqui o conceito de aceitação do outro como legítimo em si mesmo trazido por Maturana e Varela. O outro traz em si o valor intrínseco por ser, por existir. A aceitação do outro não está condicionada a nenhum pré-requisito. Aceitar não significa concordar, mas permitir que o outro, com sua singularidade, ocupe o espaço que é dele. A partir de nossas singularidades na convivência, na comunicação e no tecer das relações, vamos nos transformando, construindo e cooperando para um futuro melhor para todos.

Do meu ponto de vista, as discussões sobre neurodiversidade, neurodivergência e inclusão passam pela crise de cooperação que enfrentamos (e em última análise de não aceitação do outro) e para a qual temos que buscar alternativas. Até quando vamos jogar nos precipícios modernos da exclusão, do bullying ou do preconceito os que não estão nos padrões estabelecidos?

Visitando os conceitos neurodiversidade, neuroatípico e neurodivergente

Em 1998, a socióloga Judy Singer usou o termo diversidade neurológica ou neurodiversidade em um capítulo para uma série de artigos acadêmicos sobre deficiência, direitos humanos e sociedade. Seu capítulo tem como título: "Por que você não pode ser normal pelo menos uma vez na vida?"

Singer cresceu com uma mãe que tinha diferenças no comportamento, como ela mesma relata em seu livro *Neurodiversity: The Birth of an Idea*:

> Meus estudos não eram meramente uma busca intelectual, mas uma necessidade emocional para uma vida de luta contra a sensação de ser um *outsider*, dificuldades financeiras e traumas familiares. E tudo isso era culpa da minha mãe, ou pelo menos assim parecia para mim na época. "Por que", eu pensava, "ela não podia simplesmente agir normalmente uma vez na vida?" (tradução nossa).

Judy só percebeu que a mãe não tinha controle sobre o próprio comportamento quando ela já estava com 60 anos. Posteriormente, comparando a filha com outras crianças da mesma idade, notou que ela também apresentava diferenças de desenvolvimento. Mais tarde, Singer se deu conta de que, além da mãe e da filha, ela própria era uma pessoa autista, ou com transtorno do espectro autista (TEA), conforme a nomenclatura atual.

A história da luta para dar reconhecimento aos neurodivergentes conta com significativa contribuição da comunidade autista internacional. Com o advento da internet, essa comunidade organizou um movimento civil que acolheu pessoas com Transtorno do Déficit de Atenção (TDAH), dislexia e outras questões que as tornam "diferentes" da maioria, mas não permitiam que se encaixassem nas políticas governamentais vigentes até então, que focavam principalmente em pessoas com deficiência física ou mental.

É importante destacar que estamos presenciando a construção desses conceitos, que eles evoluem e podem ser usados de diferentes formas por diversos autores. É necessário nos mantermos atualizados.

Segundo o Vocabulário Ortográfico da Academia Brasileira de Letras, neurodiversidade é:

> A denominação dada à ampla variedade de padrões de funcionamento do cérebro, existente entre os indivíduos da população humana, vista sob uma perspectiva que reconhece as manifestações atípicas (relacionadas ao autismo e à dislexia, por exemplo) como naturais e normais, não como distúrbios patológicos.

Porém, autores, ativistas e membros de comunidades internacionais têm discutido um olhar mais amplo para a neurodiversidade. Segundo Sonny Jane Wise:

> *A neurodiversidade* refere-se à variabilidade das mentes humanas e a todas as maneiras únicas e diferentes que as pessoas podem existir, pensar, agir, processar, sentir e funcionar. Neurodiversidade refere-se a todas as mentes humanas no planeta. Inclui todos — tanto neurotípicos quanto neurodivergentes. É simplesmente um fato que a população humana é diversa em nossas mentes, assim como somos diversos em nossa etnia, gênero, sexualidade e capacidade física.

Quando falamos de neurodiversidade, estamos sempre falando de grupos. A palavra neurodivergente foi criada em 2000 por Kassiane Asasumasu

— uma ativista americana dos direitos dos autistas — para descrever pessoas cujas mentes saem das normas sociais dominantes. O termo inclui condições inatas ou genéticas, bem como adquiridas ou desenvolvidas. A diferença pode se manifestar, por exemplo, no modo de pensar, processar, interpretar, sentir, comunicar, socializar e comportar-se. Asasumasu foi diagnosticada com TEA aos 3 anos de idade, e, posteriormente, com TDAH e transtorno de estresse pós-traumático. Uma das suas preocupações é que neurodivergente seja sempre um termo de inclusão e nunca de exclusão.

Construímos quem somos (ou talvez sejamos construídos) a partir da matéria-prima de nossos genes herdados (genética), do ambiente em que vivemos (que engloba tudo: ecológico, geográfico, cultural, psíquico e emocional) e da maneira como nossos genes serão expressos ao longo de nossas vidas, em resposta ao ambiente no qual nos desenvolvemos (epigenética). Assim, mesmo gêmeos idênticos podem desenvolver características diferentes de acordo com o ambiente. Não somos reféns de nossos genes; temos uma margem para negociar como eles vão se expressar, moldar nosso corpo, nosso cérebro e, consequentemente, nosso comportamento. Qual é o limite dessa influência? Só o próprio indivíduo pode descobrir, buscando sempre ir além, constantemente.

Vamos considerar a síndrome de Down, uma alteração genética causada pela presença de um cromossomo 21 extra (trissomia do 21). Tradicionalmente, a síndrome é associada a características como olhos amendoados, musculatura hipotônica, atraso no desenvolvimento e comprometimento intelectual. Porém, nas últimas décadas, com o empenho, principalmente das famílias, em estimular o potencial das crianças com síndrome de Down, elas vêm se desenvolvendo e ocupando papéis importantes em diversos espaços, como chefes de família, universitários, modelos e políticos.

Costumo explicar para pacientes, suas famílias e meus alunos que um diagnóstico é uma porta que nos leva a uma sala; no caso, a sala da síndrome de Down. A partir dessa sala, temos uma infinidade de outras portas que representam o potencial individual de cada um. Cada pessoa precisa explorar e descobrir sua porta, e, a partir dela, chegar a outras salas e outras portas. O potencial de cada indivíduo é único, e não podemos atravessar todos pela mesma porta. Mas é ainda pior quando se fica preso na antessala do diagnóstico.

Manuais e pessoas reais

Entramos agora num território delicado: o da neurodiversidade. Vamos passo a passo. Como neuropediatra e neurocientista, reconheço a importância de um diagnóstico feito com precisão para a vida das crianças. Quando se chega a um diagnóstico, fica mais fácil entender o que acontece com o indivíduo para ajudá-lo da maneira mais adequada. No entanto, como médica, também estou atenta ao poder que um profissional exerce quando estabelece um diagnóstico, e me sinto bastante confortável para olhar criticamente para esse papel.

Quando falamos de neurodiversidade, englobamos também os chamados transtornos do neurodesenvolvimento, uma categoria diagnóstica definida pela Academia Americana de Psiquiatria (APA). Esse grupo inclui TEA, TDAH, as questões relacionadas ao aprendizado, mais conhecidas como dislexia e discalculia, entre outros. Até o momento, a única forma de fazer o diagnóstico dessas condições é por meio da observação do comportamento da criança, por uma equipe multiprofissional, em vários ambientes.

O *Manual diagnóstico e estatístico de transtornos mentais* (DSM-5), da APA, apresenta os critérios diagnósticos utilizados por profissionais da saúde e pesquisadores em todo o mundo. Esse manual busca garantir uma certa coerência na identificação dessas condições, que não podem ser diagnosticadas por intermédio de exames laboratoriais. Elaborado com a ajuda de mais de 200 especialistas, o DSM-5 é uma ferramenta útil e importante. No entanto, nenhum manual é perfeito, é preciso questionarmos: o que pode ser entendido como um problema de saúde mental e classificado num manual médico, e o que é apenas parte da neurodiversidade humana?

Em 1986, Temple Grandin lançou o livro *Uma menina estranha: autobiografia de uma autista* e revolucionou tudo o que se sabia sobre esse tema. Nascida em 1947, a americana formou-se em psicologia e zootecnia, completou o mestrado e o doutorado e foi responsável por transformar as práticas para o tratamento racional de animais vivos em fazendas e abatedouros em todo o mundo. Aos 6 meses de idade, ela era um bebê que não tolerava abraços. Até quase 4 anos, não falava, não suportava a textura das massinhas de modelar, e no lugar delas, usava as próprias fezes para brincar. Na época, a palavra autismo era uma novidade; seu diagnóstico era de dano cerebral e o conselho dos médicos foi que a menina fosse colocada numa instituição. No entanto, a mãe de Temple não aceitou essa ideia, buscou entender o comportamento da filha, suas necessidades, e lutou para que ela tivesse uma educação formal. Para a comunidade científica, foi chocante perceber que o autismo poderia se apresentar de outras formas, que era possível se desenvolver e, mais ainda, que os autistas poderiam ser pessoas felizes, produtivas e bem-sucedidas — o que também encheu de esperança outras pessoas autistas e seus familiares. Temple Grandin tem dezenas de livros e artigos científicos publicados e centenas de palestras realizadas em todo o mundo.

No prólogo de seu livro *O cérebro autista*, Grandin é bem direta:

> O autismo e outros transtornos do desenvolvimento continuam sendo diagnosticados segundo o desastroso sistema de perfil comportamental de um livro intitulado DSM [...]. À diferença do diagnóstico de uma infecção de garganta, os critérios de detecção do autismo mudam a cada edição do DSM. Quero alertar pais, professores e terapeutas para que evitem se prender a rótulos. Eles não são precisos. Rogo-lhes: não permitam que uma criança ou

> um adulto sejam definidos por um rótulo do DSM [...] O autismo, a depressão e outros transtornos estão num contínuo que vai do normal ao anormal. O excesso de um traço causa incapacidade severa, mas um pouco dele pode ser uma vantagem.

Ser autista, disléxico ou ter TDAH são consequências visíveis de uma maneira diferente do cérebro funcionar. O ambiente em que alguém cresce pode ajudar ou atrapalhar no desenvolvimento de seus pontos fortes e superação de desafios. Boa parte das questões vistas como "problemáticas" em pessoas neurodivergentes são, na verdade, falta de entendimento e adaptação (na maioria das vezes simples) dos grupos. Ao mesmo tempo, todos, típicos ou atípicos, enfrentam seus próprios limites. Mas onde, exatamente, eles estão? Quem define essa margem e com qual objetivo? Em uma sociedade que valoriza o indivíduo com base naquilo que ele produz em termos de capital, é importante estarmos atentos aos valores que absorvemos passivamente.

A abertura para a cooperação e a aceitação mútua pode transformar a maneira como nos relacionamos e tratamos uns aos outros. Pacientes com TEA nível 3, que demandam suporte diário intenso, também têm potencial para crescer e se desenvolver, poderão ser felizes dentro dos desafios que enfrentam. Aprendo diariamente com eles e suas famílias sobre persistência, resiliência, criatividade e amor. O autismo é um daqueles diagnósticos que abrem uma porta para uma sala com outras infinitas portas de desenvolvimento. Por qual porta cada pessoa vai passar?

Neurodiversidade como parte natural de nossa evolução

O filósofo **Robert Chapman**[1] aos 15 anos havia abandonado a escola, morava na rua e sobrevivia vendendo maconha para um traficante local. Vindo de uma família marcada por transtornos mentais e pobreza, ele apresentava dificuldades na escola, tinha problemas escolares e de socialização e havia decidido "dar as costas para um mundo que havia falhado com ele". Apesar disso, numa manhã fria de inverno procurou um órgão público e perguntou se poderiam ajudá-lo. Após uma entrevista com um grupo de assistentes sociais, Chapman foi imediatamente acolhido por uma família numa fazenda. Pela primeira vez ele se sentiu parte de uma família, foi aceito, amado e pôde vislumbrar uma perspectiva de futuro, apesar dos traumas e dificuldades que trazia. Na contramão do que seus professores falavam, ele se tornou um leitor voraz. Foi diagnosticado com autismo e transtorno de estresse pós-traumático. Estudar filosofia, política e neuro-

1 – Robert Chapman é um filósofo e teórico social que tem como foco de estudo a neurodiversidade, loucura e deficiência. Seu trabalho abrange uma variedade de questões na filosofia da ciência, epistemologia social e teoria crítica, com interesse particular em loucura e neurodiversidade. Para saber mais sobre o pesquisador, acesse: https://www.durham.ac.uk/research/institutes-and-centres/medical-humanities/about-us/news/welcoming-robert-chapman/.

ciências foi uma maneira de entender sua história, a de sua família de origem e buscar um futuro melhor. Vamos ver o que o próprio Robert fala sobre seu diagnóstico na introdução de seu livro *Empire of Normality: Neurodiversity and Capitalism:*

> Por um lado, embora eu tenha achado útil o meu diagnóstico de autismo, muitas coisas sobre ele também eram angustiantes. A narrativa médica dominante sugeria que ser autista me tornava de alguma forma trágico, quebrado e precisando de conserto. Essa narrativa reforçava as mensagens constantes que eu recebia desde a escola, indicando que havia algo inerentemente errado comigo. Alternativamente, críticos populares do diagnóstico psiquiátrico, da tradição antipsiquiatria, sugeriam que coisas como autismo e depressão eram meramente "rótulos" ilusórios, em vez de condições médicas reais. Para eles, pessoas como eu não eram realmente deficientes, mas apenas experimentavam problemas normais do dia a dia. Essas duas opções binárias pareciam oferecer ou a vergonha da deficiência ou a negação da deficiência, nenhuma das quais era útil. Foi por isso que eu achei a descoberta do movimento da neurodiversidade, que oferecia uma análise diferente, tão libertadora. (tradução nossa).

O movimento da neurodiversidade oferece uma perspectiva que se afasta das narrativas dicotômicas de deficiência ou negação. Alguns autores teorizam que certas características associadas ao TDAH podem ter conferido vantagens adaptativas aos nossos ancestrais. A hiperatividade e a impulsividade, por exemplo, podem ter sido benéficas para explorar novos territórios, reagir rapidamente a perigos e perseguir presas. Na sociedade moderna, indivíduos com TDAH também podem apresentar habilidades e talentos únicos, como criatividade, capacidade de hiperfoco em interesses específicos e pensamento inovador. Isso levanta a questão: será que aceitação e colaboração não poderiam mudar as adversidades que enfrentamos em escolas e ambientes de trabalho?

O olhar atual de estudiosos de diferentes áreas do conhecimento sobre a neurodiversidade é de que as pessoas neurodivergentes, como Robert Chapman e Temple Grandin, sempre estiveram presentes na sociedade, mesmo antes de termos um nome específico para designar esses comportamentos. Pessoas que pensam em imagens (como Temple Grandin descreve os processos mentais de vários autistas), outras que têm uma sensibilidade diferente para sons, gostos e texturas e aquelas com hiperfoco em determinados temas sempre existiram, trabalhando fora dos holofotes para solucionar problemas de maneiras que pessoas neurotípicas não conseguem enxergar.

Neurodiversidade, neurodivergência e o futuro

> **"Pense em todas aquelas 'pessoas esquisitas' as pessoas que 'parecem vir de outro planeta', [...] Elas são os nerds inteligentes, mas socialmente ineptos na escola, os pedantes que desafiam todas as tentativas de desviá-los de seus interesses especiais."**
>
> ***Steve Silberman***

A riqueza que a neurodiversidade traz para a humanidade é um dos caminhos para nosso futuro. "Curar" o neurodivergente tentando torná-lo neurotípico é o caminho contrário ao que a natureza fez ao longo de nossa evolução, preservando genes e características que puderam ser identificadas no século XX. Nesse contexto, linguagem alternativa, adaptação pedagógica, estimulação cognitiva e terapia para transtorno sensorial, por exemplo, surgem como processos e não como fins em si mesmos. São ferramentas para expandir horizontes, e não para "curar pessoas" pelo condicionamento comportamental ou intervenções do modelo biológico capitalista, que acaba criando um mercado infinito de suplementos, terapias e brinquedos, onerando e desgastando as famílias e impedindo certas crianças de serem simplesmente crianças, já que algumas chegam a passar dias inteiros correndo de uma clínica para outra. Não discutimos o quanto as intervenções são importantes, principalmente nos casos mais graves, mas que processos nunca ocupem o lugar de finalidades. O fim é sempre a autorrealização da pessoa com seu valor único e irrepetível. Qualquer um que falte nos torna incompletos como humanidade.

Nossa parte na crise de cooperação

> **"A ideia é que a diversidade neurológica é vital para lidar com os problemas complexos que a humanidade encontrará em um ambiente em constante mudança."**
>
> ***Robert Chapman***

Espero que esta tenha sido uma conversa tão agradável para você quanto foi para mim. Quantas "cerejinhas-de-guapiaçu" passam por você diariamente como educador? E ao seu redor, na família, na vizinhança? É essencial ter um olhar curioso e sensível para características únicas, mas, principalmente, ver cada criança como legítima em si mesma, aceita e amada pelo simples fato de existir. Agora é o momento de direcionar o foco principal nas suas jornadas de crescimento e desenvolvimento, ajudando-as a encontrar seu lugar na sociedade, seu espaço de realização pessoal e de felicidade possível ante os altos e baixos da vida moderna. Quem sabe assim recuperamos o caminho da cooperação e aceitação que nos trouxe até aqui?

REFERÊNCIAS

ACADEMIA BRASILEIRA DE LETRAS. *Vocabulário Ortográfico da Língua Portuguesa*. 7. ed. Rio de Janeiro: Academia Brasileira de Letras, 2021. Disponível em: https://www.academia.org.br/vocabulário. Acesso em: 8 set. 2024.

CHAPMAN, Robert. *Empire of Normality*: Neurodiversity and Capitalism. London: Pluto Press, 2023.

GRANDIN, T. *Uma menina estranha*: autobiografia de uma autista. São Paulo: Seguinte, 1999.

GRANDIN, Temple. *O cérebro autista*: pensando através do espectro. Rio de Janeiro: Record, 2015.

SINGER, Judy. *Neurodiversity:* The Birth of an Idea. 2. ed. Amazon Digital Services LLC — KDP Print US, 2016.

MATURANA, H. R.; VARELA, F. J. A *árvore do conhecimento*: as bases biológicas da compreensão humana. São Paulo: Palas Athena do Brasil, 4. ed., 2004.

PINHEIRO, Ronaldo Ferreira; RIBEIRO, Mílvio da Silva. Famigerada Esparta: um olhar sobre políticas e diretrizes educacionais. Contribuciones a Las Ciencias Sociales, São José dos Pinhais, v. 16, n. 10, p. 20400-20419, 2023.

SILBERMAN, Steve. *NeuroTribes*: The Legacy of Autism and the Future of Neurodiversity. New York: Avery Publishing Group, 2016.

SONNY, Jane. We're All Neurodiverse: How to Build a Neurodiversity-Affirming Future and Challenge Neuronormativity. Kindle Edition. Great Britain: Jessica Kingsley Publishers, 2024.

WHITE, H. A.; SHAH, P. Uninhibited imaginations: Creativity in adults with Attention-Deficit/Hyperactivity Disorder. *Personality and Individual Differences, 50*(5), 673-677, 2011.

É tempo de curar as infâncias

CLARISSA BRITO

Inicio esse texto pensando na forma como forjamos o olhar sobre nossas crianças negras, um olhar marcado por ausências. Desde muito cedo, elas são atingidas e alvejadas pelos impactos da colonialidade presente no olhar e concepções da mente adulta, na memória escravocrata, de meninos e meninas escravizados, que tinham atribuições de trabalho abusivo de acordo com seu desenvolvimento motor e sua habilidade física.

O tempo de infância era curto e violado desde os primeiros dias de vida, pois se esse bebê não era retirado do seu núcleo familiar, estava sujeito à experiência de ser conduzido por tecidos amarrados às mães, num modo de viver completamente desvirtuado de seu potencial de existência. A curta fase de meninice era marcada por duras rupturas, com 12 anos de idade a criança cativa acompanhava adultos em atribuições vexatórias e pesadas. Sem contar a própria experiência de ser objeto de ludicidade da infância branca (há registros que apontam a prática colonial de uma criança negra ser dada de presente a uma criança branca). O tempo passou, mas deixou marcas na cultura. A falta de políticas públicas que reconheçam as especificidades da criança

Os Ashantes de Gana usam os símbolos Adinkra para representar provérbios ou ideias filosóficas. Sankofa ensinaria a possibilidade de voltar atrás, às nossas raízes, para poder realizar nosso potencial para avançar. Sankofa é, assim, uma realização do eu, individual e coletivo.

negra, o conjunto de narrativas simbólicas do imaginário infantil, "encurtadoras" de infância, que não as representa ou carregam a violência das imagens de controle, perpetuam as desigualdades. Além do olhar e das mãos que não disponibilizam o acarinhamento que nos nutre enquanto sujeito de amor.

Conhecer a infância negra e transmutar o ponto de partida de observação é o primeiro passo para forjar a criança de pele e coração enegrecidos um sujeito possível. É preciso "denguindacho", o carinho demorado no cacho, como cantou Lázaro Ramos e sua filha Maria Antônia.

A reconstrução de nosso imaginário coletivo é urgente e a conexão ancestral é o nosso caminho de salvação. De novo, é tempo de curar as infâncias! Há um confortante provérbio africano que diz: "quando não souber para onde ir, olhe para trás e saiba pelo menos de onde vem", como nos mostra Sankofa. **A saúde da infância negra mora no pássaro com a cabeça virada para trás**, nas experiências efetivas de reconhecer a África em nós e de se saber quem é. A saúde da infância negra também mora na busca por felicidade.

No entanto, só será possível disponibilizar diferentes possibilidades de degustar bons sabores de "ser gente pequena" quando nós, adultos desse tempo, escurecermos e reafricanizarmos nossa sapiência de gente grande. E, principalmente, quando a gente compreender que o amor, como escolha ativa política, de refazimento de ética, é também ponto de partida da reconstrução. Esse amor-ação de bell hooks é nosso trato honesto e de justiça pela plena infância da criança que nasce preta, carregando na pele amor de ser fruto do continente mãe.

Está mais do que na hora de girarmos a rota de nosso olhar e conceber o pequeno corpo preto como fonte de "apetite de Zumbi", o desejo de se saber quem é e de se olhar com amor na infância. Wade Nobles, intelectual da psicologia preta, apresenta um olhar aconchegante, que gosto de chamar de "manta acolhedora". Segundo o psicólogo, podemos nomear o desejo incessante de liberdade, de desejo de reconhecimento, valor e até condições básicas, de todos os negros nascidos na diáspora, como pulsão palmarina, um pulso, uma batida de coração, de revolução

O psicólogo Wade Nobles desenvolveu o conceito de pulsão palmarina inspirado em Zumbi dos Palmares, que significa o Desejo de ser africano livre, retorno a África, retorno aos sentidos africanos, retorno a um simbólico que nos contemple, que nos fortaleça a acender os sóis uns dos outros.

e acolhimento que os mecanismos da estrutura colonial tentam desmantelar desde muito cedo em nós. Gosto de pensar Palmares como território de amorosidade, campo do movimento circular de reorganização de ser, de fomento de identidade e dignidade. Zumbi dos Palmares é nosso herói negro!

Como todo processo da humanidade, será no grupo, no coletivo, que iremos forjar as boas águas que devem inundar a vida infantil. Nosso caminho para a potencialidade da infância negra tem fonte de inspiração e tem herói!

Nascemos com pulso de Palmares em nossa cabeça — nosso orí, e nossa cura é deixar essa pulsão expandir desde criança. Para traçarmos as novas rotas para a infância é fundamental entendermos a jornada de Zumbi, herói quilombola, do princípio de liberdade e pertencimento, que dialoga com a infância negra que desejamos juntos sonhar e realizar.

"Zumbi
Encarna no Ilê
E luta para esse povo ver
Lutar
Se elege Zumbi
O tradutor de Obá
Ilê Ilê
Cresce o seu poder é muito

Envolva essa força
Unifique essa coragem
Separatismo não
O egocêntrico não tece a união
Não espalha a nobreza
Aparta os corações"

Separatismo não, Ilê Aiye, 1989

OUÇA AQUI

A verdade é que nascemos com ori livre, pronto para uma vida em expansão, para vivenciar um imaginário protegido das fissuras sociais/coloniais que distorcem nossa maneira de se relacionar, de se olhar e de se sentir.

Ori, palavra da língua iorubá que significa literalmente cabeça, refere-se a uma intuição espiritual e destino. Ori é o Orixá pessoal, em toda a sua força e grandeza. Ori é o primeiro Orixá a ser louvado, representação particular da existência individualizada (a essência real do ser)

O "baticum" de Zumbi que queremos para as nossas crianças negras é o poder sonhar com Candaces africanas, reconhecer seu brilho latente nas lindas histórias do Reino do Daomé, da Rainha Ginga, das Deusas no Ilê e não restringir seu encontro com espelho às projeções de princesas e príncipes enegrecidos na pele e encrespados nos cabelos. É estruturante saber de onde viemos, quem somos!

Temos o desafiante papel de nutrir nas nossas crianças o sentimento de existir no território quilombola, ou seja, o terreno de conexão e encontro consigo mesmo. Somos nós, adultos de hoje, que iremos proporcionar à infância negra o encontro com a ginga, com a África, com a alegria, com o amor em ação, desejo coletivo de liberdade e muito dengo. O tempo agora exige o ressignificar das narrativas, o descortinamento da verdadeira história de nossa humanidade, do exercício de ori — xá, do encontro com as águas que nos habitam, com nosso punho cerrado ancestral, do "encarrilhar" dos nossos afetos, da nutrição do imaginário com a nossa estética, amorosidade e muito axé. É tempo de curar as crianças ensinando a ser negão, a ser negona!

O clamor da criança negra pela sua infância é das coisas mais lindas e doces de se ver. Poder sonhar, projetar futuros e se ver adiante é revolucionário para o existir negro. Um dia, nossa matriarca dos Olhos d'Água, Conceição Evaristo, disse: "eles combinaram de nos matar e nós combinamos de não morrer."

Hoje, estamos aqui compactuando com o salvaguardar da experiência de negritude infantil, com o proporcionar de alegria, axé e muita felicidade nos tantos pequenos sorrisos negros.

Eu sonho e o sonhar negro coletivo carregado de axé é disruptivo e revolucionário. É tempo de curar, de gritar infâncias e salvaguardar a criança negra!

A prerrogativa desse tempo é olhar para criança negra pela lente do amor como revolução, afeto ativo, que cotidianamente escolhe experiências de pertencimento, de promoção de autocuidado, de representatividade, de autoconhecimento, fortalecimento identitário, reconstrução de imaginário e aquilombamento infantil. Aquilombar-se é articular-se no coletivo, na doce busca por afeto, acolhimento, construção de memória, identidade cultural e pertencimento entre pares. O coletivo, o quilombo, é o termo de ordem para nós!

A defesa da INFÂNCIA NEGRA adverte:
Criança precisa de axé, que é a ENERGIA VITAL.
Criança precisa conhecer a África pré-colonial.
Criança precisa se reconhecer como projeto de seus ancestrais.
Criança precisa conhecer resistência.
Criança precisa crescer na circularidade coletiva.
Criança precisa de dengo.
Criança precisa do espelho de Oxum, o espelho do amor a si.
Criança precisa expandir seu ori.
Criança precisa de liberdade palmarina.

Aos meus parceiros educadores, deixo o convite mais doce e bonito que já senti, sejamos aliados, responsáveis com o pacto coletivo de forjar uma nova infância negra, uma infância plena, enegrecida. Sigamos juntos, pois o mundo é problema nosso!

REFERÊNCIAS

HOOKS, bell. *Tudo sobre o amor: novas perspectivas*. 1. ed. São Paulo: Rosa dos Tempos, 2021.

RAMOS, Lázaro. *Caderno sem rimas da Maria*. 1. ed. São Paulo: Editora Pallas, 2018.

NOBLES, Wade. "Retomando e reapropriando um foco psicológico afrocentrado." In: NASCIMENTO, Elisa Larkin (org.). *Afrocentricidade: uma abordagem epistemológica inovadora*. 1. ed. São Paulo: Selo Negro, 2009. p. 277-298.

Parquinho: exercício de convivência ética

CARLA JARLICHT

“A função da arte 1

Diego não conhecia o mar. O pai, Santiago Kovadloff, levou-o para que descobrisse o mar. Viajaram para o Sul. Ele, o mar, estava do outro lado das dunas altas, esperando.

Quando o menino e o pai enfim alcançaram aquelas alturas de areia, depois de muito caminhar, o mar estava na frente de seus olhos. E foi tanta a imensidão do mar,
e tanto o seu fulgor, que o menino ficou mudo de beleza.

E quando finalmente conseguiu falar, tremendo, gaguejando, pediu ao pai:

— Me ajuda a olhar!”

Eduardo Galeano

Esse mar de Galeano, em sua grandiosidade e intensidade existenciais, é tão fascinante quanto desafiador, e, por isso, convida à partilha. E educação é assim, só faz sentido quando compartilhada.

Atualmente, ao refletir sobre educação, seus caminhos e descaminhos, é impossível não falar sobre convivência ética e cultura de paz. A relação entre esses conceitos é incontestável. Na verdade, é fundamental que a gente possa fazer esse caminho de mão dupla, sobretudo nesses tempos de barbárie em que temos vivido. Tempos em que a violência tem explodido, em suas mais diversas e perversas versões. Vivemos um gap relacional, uma crise narcísica exacerbada pelas redes sociais, perdendo aquilo que nos faz humanos: a nossa capacidade de nos sensibilizar, de ter empatia, de conversar com o outro. Estamos deixando de ver o outro na sua singularidade e de buscar compreender sua complexidade na reciprocidade. E nesse movimento, não interagimos, apenas reagimos. Estamos nos tornando seres refratários e teflonados. E isso não tem nos levado, como humanidade, a um bom lugar.

Quando essa realidade reverbera bem no nosso quintal, a escola, temos a responsabilidade e a oportunidade de olhar mais de perto para a questão. Incomoda o fato de essa violência ser (re)produzida no ambiente educativo por crianças, adolescentes e adultos — e esse paradoxo é constrangedor. Sendo assim, precisamos nos perguntar: o que estamos deixando de enxergar para pensar qual o caminho seguir? Qual direção nos levará à desejada cultura de paz? E como chegar até lá? Para pensar sobre cultura de paz, recorremos aqui à concepção de Xesús Jares, professor e pesquisador espanhol, especialista no tema, que afirma:

> Educar para a paz pressupõe a educação a partir de — e para — determinados valores, como justiça, a cooperação, a solidariedade, o compromisso, a autonomia pessoal e coletiva, o respeito, ao mesmo tempo em que questiona os valores contrários a uma cultura de paz.

Seguindo esse fio, e com olhar esperançoso, no sentido freiriano da palavra, convido vocês a explorar os caminhos que me levam a encontrar boas propostas na infância e, em especial, na Educação Infantil. Aqui se inaugura toda a construção dessa ideia, pois é nesse período que a criança começa a se abrir para o outro. É o olhar crítico, sensível e auspicioso para essa etapa da vida que torna possível imaginar futuros HUMANIZADOS.

Aliás, compartilho da visão de Mitchel Resnick, professor do MIT Media Lab, que direciona os holofotes para a preciosidade das aprendizagens que acontecem no cotidiano das crianças pequenas, especialmente no que se refere ao pensamento criativo. É dele a ideia de *lifelong kindergarden* — jardim de infância para a vida toda —, que considera o jardim de infância a maior invenção dos últimos mil anos. Segundo ele:

> Estou certo de que a aprendizagem baseada no modelo do jardim de infância seja exatamente o que é preciso para ajudar as pes-

> soas de todas as idades a desenvolverem as capacidades criativas necessárias para prosperar na sociedade de hoje, que vive em constante mudança.

É, no mínimo, interessante que alguém como ele, imerso em tecnologia e no meio universitário, enxergue a Educação Infantil como um período tão fundamental na vida das pessoas, não é mesmo? Por que nós, que lidamos com crianças, perdemos isso de vista?

Convido vocês, então, a voltarem seu olhar para um dos lugares mais queridos da escola pelas crianças, lugar onde o real e o imaginário são reinventados, lugar onde crianças recém-chegadas ao convívio social se encontram e podem construir uma rede imensa e potente de relações: o parquinho! Agora, é preciso que a gente aguce o olhar, ou melhor, que a gente se permita o espanto para poder enxergar de outro modo toda a riqueza das miudezas cotidianas. Para isso é necessário um deslocamento: feche os olhos e busque na memória...

Qual foi a última vez que você brincou no parquinho? A que te remete esse espaço?

Faça esse exercício de buscar suas referências afetivas.

Há quem pense o parquinho como um simples lugar de brincar, mas desde quando as palavras "simples" e "brincar" se tornaram tão menosprezadas assim? E quando foi que decidimos pensar que crianças não têm compromisso útil com a vida? Que "utilidade" é essa que temos buscado ou temos imposto às crianças quando falamos de aprendizagens?

Não é de hoje a percepção obtusa de que a criança pequena vai à escola "só" para brincar, como se brincar fosse pouca coisa, fosse inútil, sem propósito. Ledo engano, pois estão nos (des)propósitos aquilo que carregamos de mais humano: a sensibilidade, o pensamento criativo, a imaginação. E é essa a matéria-prima que vai ganhando forma dentro do singelo parquinho e vai sendo desenvolvida e lapidada ao longo da vida.

Fazendo o exercício proposto, lembrei de outro dia, quando me deparei com um parquinho perto de casa, e aquelas horas de descuido tão felizes se fizeram presentes novamente. Balanço, escorrega, trepa-trepa, areia, muito chão de terra e muita criança para interagir, para brincar... Aí estão outras duas coisas minguando na vida das crianças hoje em dia: ar livre e brincar livremente.

Se entendemos que brincar é tão essencial quanto o ar que as crianças respiram, qual é o nosso papel nesse assunto? Se falamos sobre a importância de uma convivência ética, é preciso que sejamos éticos com elas, concordam? Defender o parquinho é parte fundamental disso. É nesse espaço que as crianças desenvolvem relações sociais, elaboram uma porção de situações reais e imaginárias, expressam seus afetos, criam e recriam histórias, potencializam a criatividade, esvaziam suas dores, interagem com o outro, com o meio, se arriscam, testam seus limites, entendem-se como sujeitos, crescem como seres humanos.

Brincar, para a criança (e para adultos também!), é questão de saúde física, mental e psíquica. Pensar o parquinho como a primeira rede social da criança é reconhecer a relevância que ele tem, sobretudo quando refletimos sobre a construção de uma convivência ética. É tanto aprendizado importante para a vida que ocorre nesse ambiente, na convivência do brincar, que as atuais (e tão badaladas) aulas de inteligência emocional ficam parecendo pouco inovadoras. Embora essas aulas possam auxiliar na organização interna do sujeito, como construção do autoconhecimento, seu alcance é limitado e não dá conta daquilo que é essência da construção da convivência ética, que é o coletivo, ou melhor, o que é relativo à comunidade. Como o filósofo Martin Buber nos ajuda a compreender: "A coletividade fundamenta-se numa atrofia organizada da existência pessoal; a comunidade, no aumento e na confirmação desta existência, no interior da reciprocidade." Assim, conviver é viver COM o outro, em tempos e espaços comuns e partilhados; e para que essa convivência seja ética é preciso haver respeito e reciprocidade. Não basta saber o que se sente. Mas, sim, também conectar-se com o que o outro sente. É a relação Eu-Tu proposta por Buber, na qual o Eu sem o Tu torna-se uma mera abstração. E é esse o bonito desafio que as crianças podem experienciar, desde muito cedo, nas mais diversas situações na Educação Infantil, sobretudo quando brincam livremente umas com as outras (e sozinhas também!) no parquinho.

De olho nisso e, confesso, com certa nostalgia, pergunto: qual o tempo que as crianças de hoje têm para brincar, que é o mais importante nas suas vidas? Qual o tempo que nós, adultos, estamos designando para isso? Fazendo uma conta rápida: se as crianças têm, no máximo, quarenta minutos do dia de parquinho, ao longo dos cinco dias letivos, elas têm um pouco mais de três horas livres por semana. Será que é suficiente? Claro que não. É lamentável que, em nome de prepará-las para o mundo, nessa visão ultrapassada sobre o conceito de criança (e de mundo), estejamos tirando delas, cada vez mais voraz e precocemente, esse direito fundante. E diante de nossos olhos estão as consequências devastadoras dessa falta, manifestadas de muitas formas. A agitação, a falta de atenção, a agressividade, a irritabilidade, a ansiedade, a apatia e as mais diferentes fobias que educadores atentos apontam (e outros profissionais medicam), muitas vezes expressam essa saudade, ou melhor, essa necessidade de brincar. Nós, que falamos tanto em "dar a voz" às crianças, precisamos perceber com urgência que elas têm voz (e estão gritando!) e tudo o que temos que fazer é OUVIR suas vozes, pois, na verdade, não estamos fazendo isso.

Não faz muito tempo, logo no retorno às aulas, no pós-pandemia, crianças de uma escola em Belo Horizonte fizeram uma campanha por mais tempo de recreio. Elas confeccionaram cartazes e, para legitimar seu ponto de vista, recorreram até a Paulo Freire, apresentando uma ilustração em que ele, de seu túmulo, levantava um cartaz que dizia "Mais recreio!". A autora do cartaz, uma menina de 8 anos, explicou em entrevista: "Eu gosto de Paulo Freire porque ele diz que os professores têm que aprender com os alunos e os alunos devem aprender com os professores. Assim como as crianças devem aprender com os adultos e os adultos devem aprender com as crianças." É importante pontuar que essa escola aprendeu com os alunos e deu um exemplo de convivência ética, quando a direção levou a reivindicação a sério e, em assembleia com alunos e alunas, decidiu pela ampliação do recreio em três dias da semana. Mas será que, na maioria das vezes, estamos mesmo ouvindo esses sujeitos? Ouvir ativamente nossas crianças não deveria fazer parte do nosso compromisso ético com elas?

Sei que pode ser incômoda essa reflexão sobre o nosso olhar e a forma como atuamos com as crianças, e entendo a importância de a dimensão institucional estar igualmente envolvida. E que o trabalho dos adultos em uma instituição só existe porque há uma demanda das crianças (Kramer, 1994). Sendo assim, aprendi que mini revoluções são reais possibilidades de transformação, e, por isso, costumo apostar as fichas nelas, nesse movimento que parte de quem está ali, na lida diária junto às crianças, afetando-as e deixando-se afetar por elas.

Vamos, então, como o menino do Galeano, olhar juntos, e com a sensibilidade aguçada, para o que acontece no parquinho, na insubstituível convivência do brincar, para que a gente possa captar a real dimensão do "mais recreio" ou dos "mais cinco minutos" que ouvimos tão frequentemente das crianças.

Onde se vê um grupo de crianças brincando aleatoriamente no tanque de areia, vejamos as inúmeras interações e aprendizados (para a vida, *lifelong kindergarden*, lembram?) que ocorrem: construções coletivas de castelos e cidades inteiras, que envolveram conversas, planejamento e negociações sobre como fazer tal construção, sobre quem faz o quê; há crianças entretidas com a fila de formigas que atravessa o pátio carregando folhas e ficam ali, admiradas e curiosas, esperando respeitosamente aquele bonde de seres minúsculos passar. Claro que existem as que atrapalham o bonde, pisando nas pobres criaturas, e que são questionadas pelos seus pares (afinal, a vida delas vale menos do que a nossa, por quê?). No escorrega e no balanço, algumas crianças aproveitam enquanto outras aguardam a sua vez de brincar, respeitando o que foi combinado. Há também aquelas que experimentam novas perspectivas, subindo no escorrega pelo lado da rampa; algumas correm a toda velocidade, subindo nos mais diversos lugares, analisando riscos, fazendo escolhas; há ainda jogos coletivos, como a brincadeira de casinha, na qual as crianças revezam e experimentam funções de pai, mãe e filho ou filha, em que toda uma narrativa comum está sendo construída. Assim, elas reelaboram as experiências vividas.

O pediatra inglês que mudou o que sabemos sobre a infância é umas das leituras obrigatórias para o pessoal da Educação Infantil. Um dos conceitos centrais de Winnicott parte do princípio de que todo indivíduo tem uma tendência inata para amadurecer, mas que isso só é possível se a pessoa tiver um "ambiente facilitador" na primeira infância.

Em todas essas interações, observamos também a ampliação do imaginário e do pensamento criativo, a construção de vínculos com o outro e o protagonismo. Percebemos ainda que o que gera confronto é aprendizado. Nesse brincar, a criança consegue, a cada novo contato com a experiência, lançar sobre ela um novo olhar, tendo a possibilidade de encontrar saídas criativas para velhos (e novos) problemas. Tudo o que acontece é da maior seriedade, fazendo parte essencial do desenvolvimento da maturidade emocional da criança, como sublinha **Winnicott**, pois é por meio do brincar que ela expressa "tanto sentimentos de prazer quanto sentimentos relacionados a medos e frustrações através dos jogos e brincadeiras [...] é a brincadeira que é universal e que é própria da saúde: o brincar facilita o crescimento e, portanto, a saúde; o brincar conduz aos relacionamentos grupais [...]". O parquinho é, portanto, o lugar das interações, do exercício da liberdade de movimentos e escolhas, e, se estamos buscando uma prática humanizadora, olhar com empatia para esse tempo-espaço é condição para o exercício da convivência ética, que pressupõe experienciar o comunitário.

Dito isso, que tal se a gente expandisse esse espaço, e olhasse também para o pátio da escola como o lugar possível para tantas outras atividades que insistimos em realizar entre quatro paredes? Por que só entendemos como aprendizagem o que ocorre entre as paredes da sala de aula, quando há vida comum fora desse ambiente, com um universo de aprendizagens que podem (e deveriam) ser vividas externamente? Já perceberam como as crianças gostam de estar ao ar livre? Se gostam, por que não investimos nisso e valorizamos o que acontece nesse espaço? Como nos diz a educadora ambientalista Lea Tiriba, que cunhou o conceito de desemparedamento, justamente validando as experiências no ambiente externo como essenciais à formação do olhar generoso e ético das crianças como sujeitos e cidadãos, é "em interação com um universo que é mais amplo, que vai além das paredes das salas, que [as crianças] aprenderão com mais alegria. Se a qualidade das aprendizagens é proporcional à qualidade das interações, então elas aprenderão melhor quando estiverem mais felizes". E ouso dizer que essa dimensão de alegria e felicidade reveste o que chamamos de convivência ética. Temos, portanto, muitos padrões e lógicas para rever e desconstruir, não é mesmo? Então, segue comigo nesse passeio pelo manancial de possibilidades que acontecem fora da sala de aula:

LEIA AQUI

Publicação de Lea Tiriba sobre desemparedamento da infância.

- Onde se vê uma rodinha de crianças pequenas, vejamos a estética da roda em si, forma ancestral de favorecer a comunicabilidade, e, com ela, a aprendizagem do respeito à fala do outro. Vejamos, assim, a possibilidade do olho no olho, de combinar espaços, ouvir, discutir e questionar, partilhar impressões. Quando estamos em roda, ninguém é invisível. Todos contam.

- Onde se vê rotinas do dia e regras da turma, vejamos possibilidade de organização, tomadas de decisões em conjunto, acordos sobre o coletivo. Vamos exercitar o debate democrático, a internalização de valores desejáveis, as reflexões sobre o mundo das regras (morais e sociais) e, com isso, a autorregulação. Como observou Piaget (1932), mesmo que as crianças bem pequenas ainda percebam as regras, os rituais e as regularidades da convivência de "fora para dentro", elas já convivem com o outro, e, sendo assim, é de extrema importância proporcionar-lhes vivências éticas, para que, aos poucos, elas desenvolvam uma posição mais autônoma.

- Onde se vê a avaliação do dia, vejamos a possibilidade de as crianças entrarem em contato consigo mesmas, reconhecendo e compartilhando seus sentimentos, colocando-se também em relação às interações com os colegas. É uma oportunidade de "desumbigar", perceber erros e encontrar soluções coletivas para as questões que surgem no dia a dia, exercitando a tão desejada participação democrática.

- Onde se vê crianças trabalhando em grupo, vejamos possibilidade de escutar e dialogar com o outro, vejamos a descentralização dos pontos de vista, a construção da autoria, da autonomia e de experimentar a comunicação amorosa e aquela sensação (boa) de realização conjunta de algo, a colaboração.

- Onde se vê uma leitura de história, vejamos a chance de autoconhecimento, expansão de visões de mundo, potencialização da imaginação e respeito às diversidades. Nas histórias, cabem todos os temas e todas as pessoas: narrativas com personagens de todos os tipos e não estereotipados; crianças como meninos-sereia, meninas-pirata, meninos do dedo verde, meninos e meninas maluquinhos, as que carregam água na peneira, crianças-furacão, aquelas que exibem orgulhosamente seus colares de contas, as que ouvem o vento e falam com/como os bichos, toda a gente, diferentes tipos, culturas e perspectivas. A leitura literária propõe a divergência e com isso a possibilidade de diálogo, de respeito, de troca, de soma.

- Onde se vê uma turma heterogênea, vejamos diferentes histórias de vida e, com isso, a celebração da pluralidade; vejamos a cooperação ao som de barulho produtivo; vejamos a viabilidade de ver o outro, nas suas potencialidades e fragilidades; de se ver pelo olhar desse outro; o Eu-Tu, de Buber, novamente. Nessa perspectiva, é interessante trazer junto a Pedagogia da Implosão, proposta pela professora **Bárbara Carine** (2023), que se diferencia da ideia de inclusão, já que essa perspectiva nos remete a colocar "o diferente" para dentro, sem nos atentarmos à subjetividade desse outro, sem avaliar se as estruturas vigentes acolhem essa diversidade. A Pedagogia da Implosão propõe "implodir o edifício brancocêntrico ocidental", celebrando a diversidade na sua essência, valorizando e potencializando as diferenças, estimulando o senso de cuidado para o que é comum ao grupo.

Bárbara Carine é idealizadora da Escola Afro-brasileira Maria Felipa, referência no trabalho de educação antirracista.

SAIBA MAIS

- Onde se vê conflito entre colegas, vejamos possibilidade de escutar as dores do outro, os avanços nas relações interpessoais, o desenvolvimento da empatia, da solidariedade e da autorregulação. É fundamental não perder de vista que o conflito é inerente à convivência. Aliás, quando foi a última vez que você deixou as crianças resolverem seus próprios problemas? Cair, pegar a bola do colega e não querer devolver, disputar brinquedos e lápis de colorir, empurrar, gritar com o outro, invadir a brincadeira do colega Segundo Jares, o conflito é um dos pilares da educação para a paz, e, sendo assim, a forma como lidamos com ele é que faz a convivência ser ética ou não: "A postura a ser adotada ante um conflito não é ignorá-lo ou ocultá-lo, o que a longo prazo promove sua cristalização e dificulta a sua resolução, mas confrontá-lo de forma positiva e não-violenta" (Jares, 2007, p.37). Portanto, aprender a entender a perspectiva do outro, reconhecer erros, desculpar(-se) para seguir correndo, dar as mãos, brincar junto, inventar brincadeira, rir, convidar pro futebol, bater time, deixar todo mundo jogar... isso também vai no pacote e é lindo. E um parêntese: não ralar o joelho está fora de cogitação, basta de espaços lisos, com assepsia total que mais lembram hospitais do que pátio. Aprender a se levantar do chão e levantar o outro são aprendizados valiosíssimos.

A questão que precisamos retomar é que se tornou habitual (quando não esperado) que os adultos ditem o que precisa ser feito, tragam todas as respostas e encaminhem tudo o que acontece entre as crianças do seu jeito e só do seu jeito. Quantas vezes você permite que as crianças resolvam um problema? Que se escutem? Que possam dialogar? Já repararam que a gente não dá tempo suficiente para que as crianças possam se entender, a gente vai lá e resolve por elas... Reproduzimos um modelo em que uma sala de aula ruidosa é necessariamente uma sala de aula caótica, na qual a professora não tem o (famigerado) "controle" da turma, o que pode depor contra a sua capacidade de gestão. Sendo assim, o conflito nos incomoda e, por isso, abafamos o caso o mais rápido possível, não damos espaço para esse outro, o que é um equívoco na perspectiva da construção de uma cultura de paz e convivência ética.

Então, vamos na contramão disso? Que tal ouvir mais em vez de ditar (ou gritar) o suposto melhor caminho? Quem sabe fazer mais perguntas seja mais eficaz para ensinar valores caros à convivência ética do que dar uma palestra sobre o tema... Perguntas simples como: O que houve? O que podemos fazer para que tal coisa não ocorra mais? Qual seria a melhor forma? Como podemos resolver juntos? ajudam na reflexão, na autorregulação e nas novas tomadas de decisão considerando o outro. Menos sermão e mais diálogo. Exercitamos assim a escuta ativa, o respeito, a empatia, todos valores caros à convivência ética.

Então, se tudo já está posto no cotidiano escolar e a convivência ética vai acontecendo ali, espontaneamente, nas relações, qual seria o pulo do gato?

Talvez a resposta seja: reinaugurar o olhar para o que acontece ali e entender que a convivência ética não acontece espontaneamente. É preciso experienciar. E isso começa por nós mesmos, adultos, ao fazermos o exercício minucioso e humilde de observar as outras camadas do que acontece entre as crianças pequenas e entre elas e a gente, cuidando desses encontros e qualificando essas relações como cooperativas e éticas. Está em nossas mãos organizar uma rotina em comum que promova a convivência e a participação ativa de cada sujeito, considerando seus ritmos, interesses, seu olhar para o mundo, suas vozes.

> É preciso que na prática cotidiana as crianças sejam vistas, escutadas ativamente e sentidas em sua integralidade, para que sejam ativas em propostas que fomentem também, intencionalmente, seus desenvolvimentos, possibilitando-a experienciar, fazer perguntas, levantar hipóteses, errar, buscar explicações para seus erros, se posicionar, fazer escolhas, ter conflitos, cooperar, enfim, conviver tendo o respeito, a justiça, a solidariedade e o diálogo como valores fundamentais (Bueno, M.; Portugal, E.; Oliveira,V., 2022, p. 68).

Diariamente, as crianças estão vivenciando explicitamente ou não esses mais diversos valores. Elas estão entre pares, compartilhando espaço e ideias, envolvendo-se em regras, observando modelos de conduta e de au-

Falar de Educação brasileira sem mencionar Paulo Freire é impossível. Reverenciado em todo o mundo, Freire revolucionou a forma de pensar a educação, defendendo-a como prática libertadora.

toridade do adulto, porque existe um adulto mediando essas relações. E dependendo da forma de atuar (e de ser) com a criança e com a situação, ele vai influenciar na maneira como a criança se vê, vê os outros e o mundo. Portanto, é preciso não apenas intencionalidade nas ações, mas entender a convivência ética como um atravessamento do adulto também, como concepção de vida. Estamos dentro do processo, lado a lado, com as crianças. Somos, junto com elas, sujeitos da prática. Precisamos considerar esse lado a lado para enxergar o que acontece bem ali, na nossa frente, e, assim, atuar colaborativamente. Se desejamos construir essa dimensão ética da convivência é preciso AGIR de acordo, como nos alertou **Paulo Freire** de forma brilhante: "É fundamental diminuir a distância entre o que se diz e o que se faz, de tal forma que, num dado momento, a tua fala seja a tua prática" (Freire, 2003, p. 61).

Aprender a conviver eticamente e construir uma cultura de paz envolve estabelecer relações baseadas em valores morais como respeito, justiça, generosidade e diálogo, por meio da democracia. Isso inclui criar oportunidades para que se possa olhar para o outro com empatia, tomar decisões e fazer escolhas coletivamente, passa pela escuta ativa e atenta e pela comunicação respeitosa. Passa por uma relação dialógica entre Eu-Tu, na qual o indivíduo experiencia a relação ao lado do outro, com reciprocidade e alteridade. Juntos, esses aspectos fortalecem o sentimento de pertencimento, o senso de comunidade e a solidariedade. É essencial que o adulto provoque as crianças a pensar na perspectiva do outro, do outro que é diferente dela própria. É preciso que o adulto também pense nisso e possa se questionar nas relações com o outro, sobretudo quando esse outro é uma criança. O modo como vemos a criança interfere diretamente na forma como nos relacionamos com elas. Precisamos estar atentos a nós mesmos e atualizar nossas concepções. Ouvir as vozes das crianças, as suas demandas, em diálogo e em colaboração com elas, nas suas mais diversas experiências, é implicar-se eticamente com elas.

Nesse sentido, é preciso aguçar, aprofundar e valorizar o olhar sobre a potência transformadora do que acontece no tempo-espaço da Educação Infantil, de forma coletiva, com as crianças, desde pequenas. É necessário que nós, educadores, nos conscientizemos e reinauguremos o olhar, compreendendo que esse universo de aprendizagens preciosas que precisam ganhar o mundo começa no singelo parquinho, lugar cuja inevitável e encantadora grandiosidade só os desavisados não conseguem perceber. Quando a prioridade é humanizar pessoas para vislumbrar futuros mais generosos, a Educação Infantil é território privilegiado e fértil.

REFERÊNCIAS

BUBER, Martin. *Do diálogo e do dialógico.* São Paulo: Perspectiva, 2014.

BUENO, M. C. de S.; PARENTE, E. M. P. Ribeiro; OLIVEIRA, V., H. Holanda. Por que... Crianças (bem) pequenas têm tantos porquês? Elas já sabem conviver? *In*: TOGNETTA, Luciene Regina Paulino; LEPRE, Rita Melissa (org.). *Um currículo para a promoção da convivência ética e prevenção da violência.* volume 1. Americana, SP: Adonis, 2022.

FREIRE, Paulo. *Pedagogia da autonomia*: saberes necessários à prática educativa. 27. ed. São Paulo: Paz e Terra, 2003.

GALEANO, Eduardo. *O livro dos abraços.* 2. ed. Porto Alegre: L&PM, 2008.

JARES, Xesús, R. Educar para a paz em tempos difíceis. São Paulo: Palas Athena, 2007.

PIAGET, Jean. O juízo moral na criança. 4. ed. São Paulo: Summus Editorial, 1994.

PIMENTEL, Thais; GONTIJO, Maria Lúcia. Crianças fazem campanha por mais recreio em escola de BH e cartazes viralizam. G1, Belo Horizonte, 30 set. 2021. Disponível em: https://g1.globo.com/mg/minas-gerais/noticia/2021/09/30/criancas-fazem-campanha-por-mais-recreio-em-escola-de-bh-e-cartazes-viralizam.ghtml. Acesso em: 22 set. 2024.

PINHEIRO, Bárbara Carine S. *Como ser um educador antirracista.* São Paulo: Planeta do Brasil, 2023.

RESNICK, Mitchel. *Jardim de Infância para a vida toda: por uma aprendizagem criativa, mão na massa e relevante para todos.* Porto Alegre: Penso, 2020.

TIRIBA, Lea. *Educação Infantil como direito e alegria.* 2. ed. Rio de Janeiro: Paz e Terra, 2021.

WINICOTT, Donald. *O brincar e a realidade.* Rio de Janeiro: Imago Editora, 1975.

Ao planeta Terra, que nos permite ter uma história para contar

DANI LYRA

Vivemos em um mundo que apresenta desafios complexos e multifacetados para as crianças e, na verdade, para todos. Estudos indicam que a infância, esse período crucial de descoberta e crescimento, tem sido drasticamente encurtada nas últimas décadas. A realidade é desanimadora. Nas cidades, crianças experimentam a solidão em meio à hiperestimulação, tornando-se menos vivas, menos autônomas. Nas periferias, passam longas horas sozinhas ou sob os cuidados de irmãos mais velhos ou cuidadores, frequentemente em frente a telas, afastadas de espaços públicos, que se tornaram inseguros. O cenário não melhora quando olhamos para crianças em áreas rurais. Sim, elas mantêm um maior contato com a natureza, e isso é muito bom. Mas suas infâncias também são comprometidas. Muitas são requisitadas como parte da força de trabalho, crescendo em locais que frequentemente desvalorizam seu patrimônio cultural.

Em *Ideias para adiar o fim do mundo*, Ailton Krenak diz que o nosso tempo é especialista em criar ausências do sentido de vivência em sociedade; do próprio sentido da experiência da vida.

Mas nem tudo está perdido. Crianças em comunidades ribeirinhas, quilombolas ou indígenas têm repertórios lúdicos que vêm sendo reconhecidos por pesquisadores e que marcam singularidades de brinquedos e brincadeiras que espalham rituais, costumes e culturas locais. Eis uma bela inspiração — brincar com o natural para criar significados.

Hoje em dia, muito se diz sobre despertar o pensamento crítico e a criatividade. Aqui, puxamos uma referência importante — nossa carta na manga: O olhar de uma psicóloga cuja ênfase de pesquisa é a cognição inventiva — uma visão que permite ao sujeito criar novas perguntas e perceber o mundo de formas inéditas. Virgínia Kastrup propõe uma visão diferente sobre criatividade. Kastrup lança luz sobre o que deve ser entendido por invenção, retornando à etimologia da palavra latina invenire:

> O caminho a ser seguido: a invenção não opera sob o signo da iluminação súbita, da instantaneidade. Esta é somente sua fenomenologia, a forma como ela se dá à visibilidade. A invenção implica uma duração, um trabalho com restos, uma preparação que ocorre no avesso do plano das formas visíveis. Ela é uma prática de tateio, de experimentação, e é nessa experimentação que se dá o choque, mais ou menos inesperado, com a matéria.

Mas como, de fato, estamos criando oportunidades para as crianças inventarem na escola? Massinha, argila, tinta, terra, pigmentos naturais e plantas são materiais corriqueiros na Educação Infantil. Materiais maravilhosos que proporcionam oportunidades para experienciar, sentir, descobrir e criar. Mas como ir além? Que outros materiais, contextos e ferramentas podemos trazer, a fim de estimular a imaginação? Como aproximar do verdadeiro potencial infantil de construtividade? Estamos em uma missão: trazer o brincar e o experienciar para mais perto do cotidiano das crianças.

Preocupados com as condições das infâncias contemporâneas, buscamos melhorar nossas rotinas e cotidiano. Queremos criar contextos que aproximem as crianças da natureza, da arte, do brincar, construir, explorar, interagir e colaborar. Uma espécie de Manifesto em prol do direito das crianças de intervir no seu próprio mundo.

Podemos contar com as crianças para dar sentido e propósito à experiência com suas miudezas e atos sinceros. No já citado *Ideias para adiar o fim do mundo*, Krenak nos conta sobre a importância de não desistir. Sobre integridade de valores culturais que vivem sempre que contamos mais uma história. Se pudermos fazer isso, diz ele, estaremos adiando o fim. Aqui, pedimos a sua permissão para contar uma história sobre um educador apaixonado pelo brincar e crianças que se encontram no cotidiano de uma escola.

Numa manhã de terça-feira, as crianças se reuniram sobre as mesas com os olhinhos brilhando e a promessa de mais uma etapa do projeto. Pedro Rabay, com um super sorriso que sempre traz alegria, iniciou a conversa do dia:

— Quem aqui acha que precisamos de mais tempo para brincar hoje?

Imediatamente, um mar de mãos se ergueu, acompanhado de risadinhas e olhares ansiosos. Satisfeito com a resposta, Pedro propôs uma atividade especial para aquela manhã.

— Que tal irmos lá fora brincar um pouco e cuidar das nossas plantas? Vamos ver quais estão fortes e quais precisam de nossa ajuda para crescer mais.

As crianças, entusiasmadas, concordaram e rapidamente se organizaram para sair. Enquanto pegavam os regadores, terra e pás, a pequena Maria, sempre curiosa, perguntou sobre o estado dos tomateiros.

— Os nossos tomateiros aguentaram a falta de rega durante as nossas férias? — Pedro sorriu. — Vamos descobrir juntos!

Depois de um bom tempo de brincadeiras e jardinagem, Pedro chamou a turma para um rápido bate-papo sob a sombra da árvore da felicidade que resistiu ao vento e andava florida. Olhou para as crianças, todas animadas com suas mãos ainda sujas de terra, e começou com um tom brincalhão:

— Vamos ver se eu entendi tudo o que fizemos antes das férias. Primeiro, montamos esses túneis de bambu, que, espero, sejam mais resistentes que os testes com palitos que montamos na semana passada — começou ele, arrancando risadas das crianças. — E aquele jardim vertical que montamos? Vamos precisar de escadas se essas plantas crescerem tanto quanto planejamos!

As crianças riram e acenaram, orgulhosas de seus esforços.

— E não vamos esquecer das tendas que criamos para nossas flores.

— Eu consigo entrar embaixo — disse Juan. Me sinto em um outro mundo quando entro nelas.

— Lembrem-se, cada estrutura que construímos, cada planta que cuidamos e cada objeto que criamos, é parte de algo maior. Vocês estão aprendendo a cuidar da natureza, do mundo — como se fosse uma massinha — disse Pedro, ajudando as crianças a perceberem a importância de suas ações.

Ele continuou:

— Hoje, vamos começar uma nova parte do nosso projeto. Quero que vocês observem as crianças menores: como brincam e usam os espaços da escola. Juntos, iremos pensar em algo que gostaríamos de criar para elas.

— Vejam como vocês estão empolgados e cheios de ideias! — disse Pedro, observando as crianças com orgulho. — Quando vocês criam e resolvem problemas, estão aprendendo a olhar o mundo não apenas como ele é, mas como ele poderia ser.

As crianças responderam com entusiasmo, prontas para mais uma aventura sob a orientação de Pedro, para o próximo grande projeto.

Há anos eu trabalho com o Pedro e educadores como ele. Pessoas INCRÍVEIS, que acreditam que podem — e querem — olhar de maneira diferente para o processo educativo.

Despertando a linguagem da CONSTRUTIVIDADE

Existem distintas linguagens — maneiras de representação, expressão e comunicação das crianças. As linguagens são também fontes de conhecimento. Construir com as próprias mãos é uma linguagem universal que dá às pessoas satisfação. Para reflorestar o imaginário, podemos incentivar a alfabetização dessa linguagem — a CONSTRUTIVIDADE —, por meio da criação ou disponibilização de ambientes e materiais com os quais as crianças possam brincar de construir os seus mundos com elementos naturais.

A "sensibilidade ao design", como articulada pelo Agency by Design, do Project Zero da Harvard, enfatiza a capacidade de observar e entender o mundo construído ao nosso redor. Esse conceito encoraja educadores como o Pedro (e seus estudantes) a reconhecer que os objetos e ambientes que usam diariamente são deliberadamente projetados, e que eles próprios podem participar desse processo. Ao desenvolver uma "sensibilidade ao design", aprendemos a ver os objetos e situações da vida não apenas como itens funcionais, mas como resultados de decisões humanas, abrindo caminho para questionamentos sobre porque as coisas são feitas de certa maneira e como poderiam ser melhoradas. Essa perspectiva enriquece a compreensão de alunos e educadores, que podem passar a se considerar agentes de mudança — capazes de influenciar o mundo que os cerca.

Essa "sensibilidade ao design" pode ser percebida como uma régua que pode medir o potencial criativo e criador, que aumenta à medida que também aumenta juntamente com o repertório do criador e a oferta de materiais disponíveis. Cabe aos adultos, conforme o contexto, ir adicionando opções, apresentando-as aos pequenos criadores.

Para ampliar as experiências que oferecemos às nossas crianças, precisamos estar abertos a explorar e proporcionar uma variedade de contextos e materiais naturais para que sirvam de ferramentas poderosas. Ferramentas essas que trazem o inesperado, que favorecem a subjetividade e não podem ser concebidas sem o seu correlato, que é a invenção, como diz Kastrup: "Aprender não é adaptar-se a um meio ambiente dado, a um meio físico absoluto, mas envolve a criação do próprio mundo."

Não estamos falando de uma sala especial, onde os materiais ficam trancados e separados para aulas. Falamos sobre disponibilizar de forma orgânica espaços, materiais e ambiências que permitam às crianças recriarem, com intencionalidade e que possam ter ações relacionadas com o imaginar, projetar, explorar, testar e reconstruir. Oferecer ferramentas e materiais adequados para crianças — mas nada infantis, elas PODEM. Os materiais aos quais estou me referindo devem provocar e encantar, mas, principalmente, devem abrir possibilidades de brincar como um ato social. Um precisa do outro. Um exemplo disso acontece quando apresentamos às crianças propostas de macro construção. Em geral, elas enfrentam desafios para lidar com o tamanho das peças que só são resolvidas com a colaboração genuína.

Acreditamos que as crianças PODEM:

Se organizar.
Criar composições.
Lixar
Martelar
Parafusar
Escolher materiais e percursos.
Fazer elos.
Formar estruturas.
Equilibrar, estender, alcançar.
Separar, Empilhar.
Brincar para criar.
Criar para brincar.

Exemplos dessa pequena revolução já acontecem. Vi professoras preparando e disponibilizando caixas de madeiras — daquelas que achamos em feiras livres — repletas de galhos, animais em miniatura, argila, troncos e pedras do jardim. Essas caixas ficam no pátio da escola, do lado de fora mesmo. As professoras deixam ainda, no chão, desenhos incompletos de labirintos, mandalas e imagens de histórias infantis. O chegar na escola se torna um momento de afeto e acolhimento quando as crianças, juntas, começam espontaneamente a completar, com os materiais, alguns desenhos extraídos de histórias favoritas. Com o mesmo tipo de material, outros projetos podem surgir de forma completamente autônoma. A escola vira um espaço brincante.

Nós que fizemos

Na One School, durante todo o ano de 2024, desenvolvemos o projeto "Brincar na Natureza". Pedro, uma equipe de Makers, professoras e eu trabalhamos para transformar ideias em práticas. Criamos, com as crianças do primeiro ano, um mapa de empatia — precisávamos que notassem o que as crianças menores gostam, querem e do que têm medo. Após algumas horas de observação e brincadeira, elas já sabiam: as crianças de 3 anos gostam de montar e empilhar. Brigam, algumas vezes, então precisaremos de material que possam brincar juntas, mas que possam também brincar separadas. Com essa e outras descobertas, o nosso mapa conceitual da construtividade começava a surgir:

Para os grupos das crianças menores, as crianças do primeiro ano — entusiasmadas por usar martelos, furadeiras e lixas — decidiram criar e disponibilizar materiais com os quais as menores de 0 a 3 anos pudessem explorar, experimentar, tocar, sentir, empilhar, alinhar e escolher de forma autônoma. Para elas, a construção proposta começa no chão, e materiais naturais foram escolhidos para possibilitar o inventar em espaços restritos — internos e externos.

Para as maiores (3 a 5 anos), a escolha foi por materiais e contextos nos quais as crianças precisam medir tamanho, volume ou densidade. Optamos por macro construções para incentivar o fazer junto — o errar junto — o refazer junto — aproveitando de seus altos níveis de endorfina, o que dá sabor e fortalece o relacionamento interpessoal das crianças. Referenciadas pelos trabalhos de designers como Charles e Ray Eames, selecionamos materiais como bambu, cabo de madeira, tábuas, troncos, tecidos e linhas. Os materiais podem ser montados e desmontados, permitindo que as crianças repitam as ações de formas diferentes, em contextos diferentes, trazendo um pouco de magia e encantamento para as ambiências na escola.

Gaston Bachelard, filósofo francês, fala do nosso direito de sentirmos alegria — do nosso direito de nos maravilharmos com as belezas da vida: "A quem deseja devanear bem, devemos dizer: comece por ser feliz. Então o devaneio percorre o seu verdadeiro destino: torna-se devaneio poético: tudo, por ele e nele, se torna belo".

Acreditamos que podemos tornar a escola um espaço mais belo e brincante, com crianças que se entendem capazes de criar pequenos movimentos que trazem alegria. Esse tipo de intervenção criativa das crianças acalenta. A escola, transformada pelas pequenas intervenções, também sonha e abre espaço para a construtividade e todas as demais linguagens da infância.

Atentos aos acontecimentos que geralmente são considerados sem relevância nas nossas práticas cotidianas, no jardim de infância, vamos reencontrar o encantamento pelo mundo. Lá, contaremos as nossas histórias.

Curiosos(as)? Vejam algumas das invencionices das crianças

VEJA AQUI

REFERÊNCIAS

BACHELARD, Gaston. *A poética do devaneio*. São Paulo: Martins Fontes, 1988, p.13.

HARVARD GRADUATE SCHOOL OF EDUCATION. Agency by Design. Project Zero. Disponível em: https://pz.harvard.edu/projects/agency-by-design. Acesso em: 19 out. 2024

KASTRUP, Virgínia. *A invenção de si e do mundo: uma introdução do tempo e do coletivo no estudo da cognição*. Campinas: Papirus, 2000. p. 20.

KASTRUP, Virgínia. *Aprendizagem, arte e invenção. Psicologia em Estudo*, Maringá, 2001.

KRENAK, Ailton. *Ideias para adiar o fim do mundo*. São Paulo: Companhia das Letras, 2020.

Crianças construtoras: vencendo paradoxos na Educação Infantil

SORAYA LACERDA

"Como você vai criar algo se nunca construiu nada?"
William Guilford

Há alguns anos, eu e meu time do Thomas Maker estávamos facilitando uma oficina para alunas de Ensino Médio que participavam de um programa de intercâmbio nacional, em parceria com a Embaixada Americana no Brasil. Era uma turma de 27 jovens, provenientes de todos os estados brasileiros, e estavam superengajadas na experiência que oferecemos, com circuitos. A atividade tinha várias estações por todos os cantos do nosso espaço maker, internos e externos, que promoviam uma aprendizagem em formato de *showcase* de "linha de montagem", na qual elas desmontavam sucatas eletrônicas, montavam blocos de madeira, soldavam componentes e fios, pintavam com *spray*... um *playground* proposital e intencionalmente encantador, para, literalmente, aprenderem fazendo.

Mas o que isso tem a ver com educação para crianças? Nesse dia, nos emocionamos profundamente em vários momentos e por diversos motivos. Mas o momento que mais nos encantou foi quando elas estavam exatamente aprendendo a fazer as soldas na varanda externa e um de nossos alunos do curso de inglês veio se aproximando, sorrateiro, olhando curioso, e acabou se juntando à experiência, sendo acolhido por elas e pelo nosso time. O menino, que devia ter em torno de 6 anos, acabou ficando e participando ativamente de todas as estações da oficina.

Enquanto se entregava à atividade de cada estação, ele não só observava, mas se envolvia fisicamente com cada material e ferramenta, fazendo perguntas, querendo realmente aprender o que era proposto. Suas mãos, apesar de pequenas, manipulavam as ferramentas, pintavam com *spray* e até tentavam soldar, com a ajuda das alunas e supervisão do nosso time. Foi uma demonstração clara de como as crianças podem desenvolver sua capacidade de construir de forma holística, a partir de um interesse genuíno alimentado, e utilizando todos os sentidos e movimentos do corpo. Ao permitir que ele ficasse e participasse com um grupo muito além da sua idade, de forma livre, mas controlada, ficou evidente para nós como a exploração física tem potencial para contribuir para o desenvolvimento cognitivo e emocional já nos anos iniciais de formação.

A acolhida da curiosidade do aluno é uma ocorrência comum para nós. Alimentar esse interesse natural das crianças que entram em nosso espaço maker e guiá-las na exploração e uso adequado dos materiais e das ferramentas é algo natural para nossa equipe, considerando que trabalhamos com um ambiente de aprendizagem ativa.

Antes mesmo de falar ou até mesmo começar a frequentar ambientes formais de educação, as crianças demonstram curiosidade e disposição inatas para explorar destemidamente o mundo ao seu redor, sempre com um olhar investigativo e engajando-se em testar tudo o que é novo à sua volta. Isso, naturalmente, estimula as habilidades motoras, intelectuais e imaginativas, além de favorecer o crescimento individual, contribuindo para a sua segurança nos contextos sociais em que está inserida e para a sua evolução cultural.

No entanto, esse processo esbarra no "paradoxo entre segurança e liberdade" (Baker; Barbon, 2017), um desafio comum a pais e educadores. A percepção desse paradoxo nasceu no grupo de pesquisa Pedagogy of Play (PoP), do Project Zero, que investiga como expandir as oportunidades de experiências ativas nas escolas. O paradoxo revela que regras ex-

SAIBA MAIS

cessivas e o controle demasiado, frequentemente criados e aplicados pelos adultos em nome da segurança das crianças, podem, na verdade, comprometer o desenvolvimento das habilidades para construir coisas, aprender como elas funcionam e enfrentar desafios e frustrações na vida adulta. Ou seja, limitar, ou eliminar, as oportunidades de as crianças se entregarem a experiências que envolvem riscos pode torná-las muito mais vulneráveis a longo prazo. Isso ocorre porque elas acabam tendo menos oportunidades de lidar com cenários incertos, aprender a antecipar e a gerenciar riscos. Assim, caímos em um ciclo vicioso que se retroalimenta, sedimentando medos e resistências.

Mitchel Resnick, em seu livro *Jardim de Infância para a vida toda*, traz uma observação que, à primeira vista, pode parecer banal, mas que explodiu minha mente quando percebi seu significado. No primeiro filme da série *Toy Story* (1995), Andy, o protagonista, tem um quarto cheio de brinquedos, todos lindos e bem cuidados, mesmo aqueles mais antigos ou menos populares. Em contraste, do outro lado da rua mora Sid, com seu quarto escuro, cheio de ferramentas, brinquedos desmontados e remixados, considerado o "vilão" da trama. Então temos um cenário no qual Sid, apesar de ser uma criança criadora de coisas, que utiliza e domina ferramentas e enxerga possibilidades criativas, tendo mais potencial de se desenvolver como pensadora criativa, é retratado como um menino sinistro e perverso. É claro que essa escolha narrativa é uma liberdade poética, que busca explorar os extremos do bem e do mal segundo uma visão mais infantil, mas a mensagem subliminar de que o perfil do Sid é algo que não se deseja desenvolver está presente.

Piaget e, posteriormente, **Papert** reconhecem e reforçam que as crianças nascem "construtoras" de sua própria estrutura intelectual. Logo cedo elas demonstram o que eles chamam de talento inato para aprender, manifestado muito antes de irem para a escola — uma vasta bagagem de conhecimento por meio de um processo que Papert chamava de "aprender sem ser ensinado". E por que não cultivar esse interesse inato para seguir aprendendo a usar qualquer ferramental à sua volta?

Seymour Papert é quem criou o conceito do Construcionismo a partir das ideias de Jean Piaget. No construcionismo, os estudantes não apenas constroem seu conhecimento, mas também constroem coisas reais. Vale pesquisar para saber mais!

Aliás, por aqui ouvimos uma pergunta recorrente: *Mas vocês deixam as crianças usarem as ferramentas? Até mesmo as pequenas?* E essa pergunta é sempre respondida com um "SIM, mas...". Não se trata de simplesmente deixá-las usarem as ferramentas — nós as ensinamos. Ensinamos sobre o risco, o uso adequado e a importância de pedir ajuda quando necessário. Esse tipo de ensino exige esforço, mas é um desafio recompensador.

Crianças precisam ser expostas a oportunidades que as façam se "assombrar" com o inusitado e o estranho, e que possam mostrar o que são capazes de alcançar quando se entregam a essa jornada pelo desconhecido. O direito ao "assombro" na Educação Infantil é um conceito que destaca a importância de cultivar a capacidade de maravilhamento, surpresa e curiosidade nas crianças. Essa teoria sugere que o processo de aprendizado deve ir além da mera transmissão de conhecimentos e habilidades, incentivando as crianças a manterem o sentido de admiração e encanto pelo mundo ao seu redor, mesmo quando crescem.

Elas são capazes de fazer qualquer coisa que se disponham a fazer! É por isso que as deixamos usar ferramentas de verdade e as orientamos. O uso dessas ferramentas funcionais ("de verdade") é diferente daquele das ferramentas de brinquedo, que furam massinha. Há muito mais risco e coordenação motora fina envolvidos. E elas precisam saber como funciona uma ferramenta de verdade, reconhecer seus perigos, saber como usá-las com ou sem ajuda, pois se virem algum desses objetos em casa, é importante que tenham consciência dos riscos e tomem cuidado, em vez de encará-los como se fossem um brinquedo.

Crianças pequenas também apresentam uma concentração muito maior quando estão usando ferramentas. Com o uso rotineiro, conseguem estabelecer concentração e foco. Dessa forma, desenvolvem repertório de habilidades para lidar com qualquer instrumento, equipamento ou ferramenta com muito mais cuidado. Elas serão mais cuidadosas se sentirem que confiamos nelas, e confiança é conquistada, exige que elas comprovem, com o uso constante, que já naturalizaram o comportamento responsável e seguro. Observamos que as crianças pequenas que já usam as ferramentas com supervisão são bem menos afoitas e descuidadas que as maiores, que nunca as utilizaram.

Loris Mallaguzzi, em seu poema "100 idiomas", diz que nós, adultos (educadores, família, sociedade), queremos separar a cabeça do corpo. Que eles precisam se desenvolver cognitivamente, mas sem usar das práticas manuais. Que eles precisam *pensar sem mãos, fazer sem cabeça, ouvir e não falar*, e que só podem se maravilhar "consumindo" em momentos como aniversário ou Natal. Momentos em que a relação com as coisas e com o mundo é definida não pelo que criam, constroem, mas pelo que possuem. No entanto, possuir coisas e consumir produtos não tem mais satisfeito os anseios das crianças por um significado que preencha suas vidas.

"A criança tem cem línguas, cem mãos,
cem pensamentos [...]
cem alegrias para entender cem mundos,
descobrir cem mundos, inventar cem mundos,
sonhar... A criança tem cem línguas

(e mais cem cem cem),
mas lhes roubam noventa e nove."
Loris Malaguzzi

Mas proporcionar experiências intencionais para os pequenos não é tarefa simples. Exige um **modelo mental direcionado**, além de planejamento, dedicação e disposição. Exige **espaço cuidadosamente pensado** e preparado para tal. Assim como na pedagogia Reggio Emilia, aqui o espaço exerce papel de um "terceiro educador". Exige a **supervisão contínua dos adultos**, que precisa ser ativa o tempo todo. Educadores e monitores devem estar realmente "presentes" e atentos para guiar, demonstrar o uso correto das ferramentas e intervir quando necessário. Quanto menores os alunos, maior deve ser a proporção de adultos por criança, para garantir que todos recebam atenção, supervisão constante e a assistência necessária.

Exige uma **escolha de ferramentas ideais** para mãozinhas menores, o que ajuda muito no processo. Por exemplo, martelos, serras de verdade — em tamanho menor — e chaves de fenda mais curtinhas são mais fáceis de serem manipuladas com segurança pelos pequenos. Uma boa estratégia é começar com ferramentas analógicas e ir evoluindo aos poucos para as elétricas.

Exige também o **reforço e a repetição constante dos procedimentos e orientações de uso**, que ajudam a instaurar uma cultura de segurança. Notamos como isso grudou nas cabecinhas das nossas crianças durante uma colônia de férias — quando repetimos os procedimentos e orientações todos os dias, durante cinco dias seguidos. Antes de começar qualquer atividade com ferramentas, é essencial reforçar as práticas de segurança e repetir as orientações de uso correto. É parecido com ensiná-los a escovar os dentes ou dar descarga no vaso sanitário: precisa ter o reforço. Vale prepará-los também para o que fazer em caso de um pequeno corte, isso deixa as crianças mais prontas para lidar com imprevistos sem entrar em pânico.

E exige **discutir e refletir sobre a experiência e os processos**. Isso é vital para tornar visíveis os erros e os acertos. Perguntar às crianças o que aprenderam, o que acharam difícil e como resolveram problemas promove a metacognição e a valorização do processo de aprendizagem. Esse *feedback* contínuo também ajuda você, educador, a ajustar o curso das atividades para atender melhor às necessidades das crianças.

Mas por que vale a pena todo esse esforço? A Educação Infantil desempenha um papel fundamental no desenvolvimento socioemocional das crianças, preparando-as para enfrentar os desafios do mundo. Começar desde cedo a promover e fomentar esse desenvolvimento ajuda a moldar uma **inteligência natural**. Atividades práticas combinadas com um ambiente de aprendizagem ativo e exploratório, que acolhe a curiosidade, contribui significativamente para que essas crianças lidem melhor com frustrações e limitações emocionais e sociais.

Quando as crianças têm a oportunidade de experimentar, arriscar e criar, estão não apenas desenvolvendo habilidades práticas, mas também aprendendo a se conhecer e a confiar em suas capacidades. Cada vez que exploram e constroem, criam novas conexões e compreendem um pouco mais do mundo ao seu redor. No espaço de liberdade orientada, elas encontram seu potencial, descobrem suas linguagens e aprendem que podem ser protagonistas na criação de suas próprias histórias. E é nisso que reside a verdadeira transformação: não apenas preparar para o futuro, mas nutrir a potência criativa e inventiva das crianças no presente, onde elas já são e sempre serão as verdadeiras construtoras de mundos.

REFERÊNCIAS

BAKER, Megina; BARBON, Marina Benavente. *Too Many Rules on the Playground*: Working the Paradox Between Safety and Freedom. Boston: Project Zero — Pedagogy of Play, 2017.

NAÇÕES UNIDAS BRASIL. OMS: 1 em cada 5 adolescentes enfrenta problemas de saúde mental. 10 out. 2018. Brasília, DF: Nações Unidas Brasil, 2018. Disponível em: https://brasil.un.org/pt-br/81282-oms-1-em-cada-5-adolescentes-enfrenta-problemas-de-sa%C3%BAde-mental. Acesso em: 24 set. 2024.

ORGANIZAÇÃO PAN-AMERICANA DA SAÚDE. Saúde mental dos adolescentes. Brasília, DF: Escritório Regional para as Américas da Organização Mundial da Saúde, [20--]. Disponível em: https://www.paho.org/pt/topicos/saude-mental-dos-adolescentes. Acesso em: 25 set. 2024.

PAPERT, Seymour. *Mindstorms: Children Computers and Powerful Ideas.* New York: Basic Books, 1993.

HARVARD Graduate School of Education. Project Zero. Making Learning Visible, 2022.Disponível em: https://pz.harvard.edu/who-we-are/about. Acesso em: 25 set. 2024.

RESNICK, Mitchel. *Jardim de infância para a vida toda*: por uma aprendizagem criativa, mão na massa e relevante para todos. Porto Alegre: Penso, 2020.

THOMAS, Anne-Marie. *Making Makers*: Kids, Tools, and the Future of Innovation. [S. l.]: Make LCC, 2014.

Eu tenho um sonho

BIA JABOR

"Eu tenho um sonho, que tenho o poder da natureza dentro de mim... e se algo acontece com a natureza eu consigo sentir, eu me importo com o que acontece com a natureza."
Vinícius, 8 anos

Quando foi que deixamos de nos reconhecer como parte da natureza? Em que momento deixamos de ouvir nossos sonhos? Talvez essas sejam as duas perguntas mais importantes para pensarmos sobre futuros possíveis, um futuro em que as crianças de hoje irão habitar. E, admito, atualmente não consigo pensar na natureza sem pensar no que estamos fazendo com ela. Vivemos um momento em que, ao pensarmos ou falarmos sobre o que está por vir, todos nós, crianças e adultos, pressentimos a finitude. Mas o que fazer para "adiar o fim do mundo"?

"[...] não podemos nos render à narrativa de fim de mundo que tem nos assombrado, porque ela serve para nos fazer desistir dos nossos sonhos, e dentro dos nossos sonhos estão as memórias da Terra e de nossos ancestrais. [...] Estamos vivendo num mundo onde somos obrigados a mergulhar profundamente na terra para sermos capazes de recriar mundos possíveis."

Ailton Krenak

Temos que estar atentos a como nós, adultos, estamos imprimindo em nossas crianças esse discurso de finitude, de escassez, quando na realidade o princípio da natureza é o da abundância. A vida/natureza é uma força que está em constante movimento, não para, é um fluxo contínuo. O artista e pesquisador da infância Gandhy Piorsky nos fala desse influxo da natureza que "prossegue com intensa força, prossegue como um nascedouro sem contenção [...]. E a gente que dá transcendência a esse influxo quando ele transcorre também por nós".[1] As crianças estão na sintonia desta abundân-

1 – Trecho da roda de conversa de abertura do evento 1º Encontro Cunhatã Cerratense – Arte, Educação e Natureza na Primeira Infância.

cia, pois estão conectadas à força vital da natureza. Como uma semente germinada, que contém toda a força vital da planta, da árvore que ela será um dia.

Precisamos mudar o discurso da escassez para a abundância, para não imprimir nas crianças de hoje essa visão pessimista de futuro, pois elas terão que ser capazes de recriar mundos possíveis, de imaginar outros futuros, num cenário muito distinto deste que a nossa geração vive e testemunha. Lidamos com o nosso planeta a partir de uma lógica capitalista, consumista, de uma economia do desperdício, da poluição, da natureza como recurso e não como fonte de vida em si. Está mais do que na hora de mudar o foco, colocar outros óculos para enxergar e sonhar outros futuros, junto com as crianças, e aprendendo com elas.

Recriar mundos possíveis tem a ver também com escutar as crianças. E escutá-las é, seguramente, uma das formas para chegarmos a algumas das respostas de que precisamos. Mas, infelizmente, crescer é também um processo de esquecimento. Então devemos escutar para não esquecer... Escutar para aprender a ver ou a transver o mundo, como muito bem nos ensinou o poeta Manoel de Barros, pois a criança tem essa capacidade de ver através da imaginação, através do sonho, da metáfora, da poesia... Uma habilidade que anda faltando demais no mundo dos adultos.

Os anciãos do povo Dagara, da África Ocidental, nos ensinam que este corpo "tira certas coisas de nós quando crescemos. Até os cinco ou seis anos, as crianças lembram-se de tudo perfeitamente, mas depois disso, algo começa a acontecer no corpo, que as faz esquecer." (Somé, 2003, p.69). Esqueceremos preciosos ensinamentos da infância se não escutarmos as crianças, inclusive aquela que fomos um dia. E quando falo escuta, é uma escuta ampliada, que passa pelo campo dos sentidos, do corpo, dos gestos, do olhar, das relações da criança com o mundo através do mundo, ou quem sabe "dos mundos", de sua paisagem interna e externa, até do mundo terreno e dos espíritos, pois para alguns povos originários as crianças são seres que têm a capacidade de "estar" entre dois mundos, são como mediadoras entre relações e entidades cósmicas.

A primeira infância é um dos momentos da vida mais importantes na formação do ser humano. Em nenhuma outra etapa do nosso desenvolvimento os neurônios fazem tantas sinapses, aprendemos e assimilamos tanto. O que, como aprendemos e as vivências que temos nesse momento da nossa vida ficarão registradas para sempre em nosso ser. A nossa existência está ligada à nossa infância. O que estamos oferecendo em termos de experiências para as nossas crianças? Muitas vezes, o que reproduzimos são ambientes centrados em adultos, tempos acelerados, excesso de informação e acúmulo de coisas do mundo dos adultos, de uma sociedade industrializada e midiatizada, com pouco ou nenhum contato com a natureza, estimulando a competição, em vez da colaboração, conexão e do envolvimento.

Estar com crianças é um privilégio se nos permitirmos viver nos tempos delas, aceitar os momentos em que elas nos convidam para seus brincares, para entrar na sua imaginação, em seus estados de invenção e criação. Devemos nos deixar afetar por seus caminhos, paisagens e tempos. Mas onde a criança é mais livre para sonhar, brincar e se relacionar com as materialidades e tempo do mundo? Onde ela é mais livre para simplesmente ser? Na natureza.

Como educadoras e educadores, devemos proporcionar e criar momentos para as crianças estarem e conviverem com aquilo que são: natureza — especialmente na primeira infância. O mundo interior da criança é o da natureza. Gandhy Piorsky nos fala da criança como natureza humana nascente, pois somos natureza e nascemos nessa conexão. A palavra tem origem no termo do latim *Natura*, futuro do verbo "nasci", de "nascere" ("nascer"), somado ao sufixo "urus", este último, por sua vez, é o particípio futuro de "oritur" (gerar, surgir, a força que gera). E as crianças são a manifestação da natureza, como bem colocou a educadora, ambientalista e professora Lea Tiriba: "Cada criança que vem ao mundo, ela é a natureza se manifestando outra vez, e outra vez, e outra vez."[2]

SAIBA MAIS SOBRE O FILME

2 – Depoimento da educadora e professora Lea Tiriba no documentário *O começo da vida 2: lá fora!*.

Não podemos falar de nascimento sem falar de mãe, Gaia, a nossa mãe-terra, que nos dá vida e alimento, que nos ensina com seus gestos, e através de todos os seus filhos/as que a habitam. A partir dos diferentes habitats que criou, com os elementos que fazem parte do seu ser, e por meio da convivência com as diferenças, no princípio da colaboração, da generosidade, da adaptação, Gaia é sistêmica e ao mesmo tempo interdependente. Quantos aprendizados não residem apenas em sua existência? Gaia acolhe e é hospitaleira, mas quando precisa, responde com força para se fazer ouvir, como uma boa mãe. Mas será que a estamos escutando?

A economista e ativista francesa Geneviève Azam, em seu livro *Carta à Terra e a Terra Responde* (2020), escrito durante a pandemia, redige cartas ao planeta Terra como um chamado que não podemos mais deixar de escutar. Isso ficou muito evidente durante esse período de suspensão planetária, em que todo o mundo teve que parar e fomos confrontados com nós mesmos, nossas vidas e, no lento retorno às atividades, a escancarada realidade da nossa desconexão com a natureza e a necessidade vital da vida do lado de fora. Ambientes de trabalho totalmente fechados, sem janelas, escolas sem árvores ou chão de quintal, bairros sem praças ou parques para brincar, crianças emparedadas, sem contato com a natureza, excesso de tela e a falta de horizonte.

"A urgência ordena desacelerar, frear com toda a nossa força antes das grandes mudanças. [...] Terra, imponha seu ritmo, ajude-nos a desacelerar, bloqueie-nos antes que seja tarde demais. Talvez então possamos emergir de uma indiferença comatosa às tuas feridas, as marcas que elas imprimem nas vidas."

Geneviève Azam

Que possamos escutar nossa mãe-terra e as crianças, pelo bem da infância e de nosso futuro. Que possamos desacelerar. Que tal brincar de ser planta? Ou escolher uma para simplesmente observar, dia após dia, e escrever um diário de suas transformações? O que podemos aprender olhando todo dia para a mesma planta? Ou conversando com uma árvore? Com certeza ela ganhará um novo sentido para você, talvez até um nome. Por que não escrever cartas para ela? Assim como fez Geneviève Azam para a Terra? Exercícios poéticos diários de estar e comungar com a natureza é uma forma de nos sentirmos próximos, de sermos afetados, de fazermos vínculo. "O mundo tá precisando ser re-encantado e não tem como fazer isso se a gente não tiver tempo para estar na natureza e comungar com ela."[3] Às vezes quero simplesmente entrar em um estado de ser árvore! Assim, meio Manoel de Barros:

3 – Trecho de depoimento de Maria Amélia Pereira no documentário *O tamanho que o planeta é*, do Sesc/SP.

“Para entrar em estado de árvore é preciso partir de um torpor animal de lagarto às três horas da tarde, no mês de agosto. Em dois anos a inércia e o mato vão crescer em nossa boca. Sofreremos alguma decomposição lírica até o mato sair na voz. Hoje eu desenho o cheiro das árvores”.

A linguagem da poesia é também da infância. Me aproprio das palavras do poeta incluindo a palavra infância em seu depoimento: “Poesia [da infância] não é para compreender, mas para incorporar. Entender é parede: procure ser árvore (Barros, 2010, p.178).” Vamos brincar de ser árvore com as crianças! Se formos muitas, seremos uma floresta! E lutar pelo nosso direito à florestania, o direito que todos nós temos de ter acesso à floresta e sua sabedoria, o direito à natureza.

Recentemente foi protocolado no Congresso Nacional o Marco Legal Criança e Natureza, um Projeto de Lei pioneiro no mundo, em resposta aos artigos 225/227 da Constituição Federal, propondo a criação de políticas para garantir o direito de crianças e adolescentes à natureza e a um meio ambiente saudável. Criado a partir da escuta de crianças e jovens de todo o Brasil, o projeto foi protocolado por uma deputada do Rio de Janeiro junto com mais de 80 organizações que defendem as infâncias e o meio ambiente. O projeto de lei 2225/2024 (Carneiro, 2024) diz: "Todas as crianças e adolescentes têm o direito de acessar, permanecer e usufruir de áreas naturais saudáveis e ecologicamente equilibradas, incluindo áreas verdes e azuis urbanas próximas do seu convívio familiar, escolar e comunitário."[4]. Considerada uma oportunidade histórica em nosso país, o projeto traz pela primeira vez para o debate político a urgência na garantia dos direitos e deveres no que diz respeito à relação das crianças com o meio ambiente, incluindo medidas às crises climáticas, cada vez mais frequentes, ações para combater o racismo ambiental e a valorização dos saberes ancestrais, das práticas culturais e dos sistemas de conhecimento dos povos e comunidades tradicionais.

4 – Leia mais sobre o projeto de lei

O projeto também cita o importante papel da escola na garantia do direito da criança à natureza. Sabemos que ainda há muito a fazer, especialmente no que diz respeito às políticas públicas, à melhoria dos espaços, da infraestrutura, das condições de trabalho de professores e professoras e ao racismo ambiental nas grandes cidades. Mas como educadoras e educadores de crianças pequenas, podemos implementar mudanças práticas na nossa rotina com as crianças que no dia a dia, e a longo prazo, poderão ser de grande impacto. Às vezes é no pequeno e constante que mudamos paradigmas, e em nosso país são muitas as experiências educativas nas quais podemos nos inspirar e aprender, vivências educativas que encontraram na riqueza dos repertórios e vocabulários da cultura popular, do brincar livre com e na natureza, dos nossos saberes e raízes ancestrais, da escuta às crianças.[5]

5 – Ao final do texto, foram incluídos vários links com referências de projetos e materiais de pesquisa sobre o tema.

Dentre tantas experiências, gostaria de citar o Movimento dos Quintais Brincantes, que está espalhado em diversas iniciativas ao redor do Brasil, e se reconhece como uma vivência educativa pautada na natureza:

"Ressaltamos que nossas inspirações e práticas se pautam na natureza, na brincadeira e na diversidade de saberes da comunidade local. Portanto, são soluções acessíveis e democráticas a realidades que, por vezes, são carentes de recursos financeiros. A riqueza está nas pessoas, nos seus desejos de ver florescer infâncias saudáveis e comunidades de aprendizagem conectadas às suas naturezas."

Se tomamos a natureza como princípio e ação, não basta ela estar apenas no discurso ou em algumas atividades "especiais" que acabam por ser excepcionais. A natureza precisa ser a regra, não exceção. Já começa pela organização dos espaços e escolha dos materiais. O que seria organizar um espaço, uma sala de aula, um pátio, as paredes da escola, os mobiliários, tendo como foco a natureza? Onde o sol nasce? Onde faz sombra? Quais ambientes têm janelas? De onde é possível ver o céu? Onde tem concreto poderia ser terra? A cozinha da escola poderia ter uma horta? Os materiais e brinquedos na escola são feitos de quê? Onde foram adquiridos? Que vínculo eles têm com o território, a cultura e a comunidade locais? As crianças se sentam no chão e em roda? Podem ficar descalças? Elas são estimuladas à cooperação, à escuta, à conexão e ao autocuidado, ou à competição, à regra e à disciplina? Acolhemos as diferenças? Fechamos os olhos e ficamos em silêncio ouvindo a nossa respiração?

Faça essas perguntas para você e sua equipe de educadoras. Dá uma excelente roda de conversa!

Percebemos nosso corpo e o corpo do outro? Estamos atentos a todos os nossos cinco sentidos? Compartilhamos nossos sonhos? O que fazemos com o nosso lixo? Incluímos no nosso cardápio alimentos naturais e da estação? Olhamos para as cores dos alimentos? Estamos atentos às estações do ano? Como incluímos os quatro elementos da natureza nos nossos brincares com as crianças? Cantamos e dançamos músicas do repertório da cultura popular? Quais histórias contamos e lemos para as crianças?

Todas essas escolhas estão diretamente relacionadas com uma educação baseada na natureza, "numa ética de cuidado com aquilo que sustenta a vida na Terra: a natureza em todas as suas dimensões e formas."[6] E as crianças estão muito atentas a tudo e percebem quando os discursos são conflituosos, quando as ações dos adultos não condizem com as palavras, e então elas não internalizam sentidos e ficam perdidas. O sentido para a criança é global, ela só internaliza realmente aquilo que é "verdadeiro" e ganha um valor de vida quando per-

6 - Leia mais sobre Educação baseada na natureza.

cebe que as ações e os discursos estão em sintonia/harmonia. E é com as crianças que iremos aprender a "colocar nossos corações no ritmo da terra" (Krenak, 2022, p. 58).

> **"Essa potência de se perceber pertencendo a um todo e podendo modificar o mundo poderia ser uma boa ideia de educação. Não para um tempo e um lugar imaginários, mas para o ponto em que estamos agora. Para além de onde cada um de nós nasce — um sítio, uma aldeia, uma comunidade, uma cidade —, estamos todos instalados num organismo maior que é a Terra. Por isso dizemos que somos filhos da terra."**
>
> ***Ailton Krenak***

Retorno ao depoimento do menino Vinícius, que abre e inspira este texto. E você, consegue sentir o poder da natureza fluindo dentro de si? E a humanidade, será que está sentindo o que acontece com a natureza? Qual o seu sonho de futuro? O sonho dele talvez seja a esperança de que todos nós possamos nos reconhecer como natureza e nos reconectar com esse sentimento para sonhar um futuro possível respeitando plenamente a natureza que está em cada um de nós.

REFERÊNCIAS

AZAM, Geneviève. *Carta à Terra e a Terra Responde*. Belo Horizonte: Relicário, 2020.

BARROS, Manoel de. 1916-2014. *Meu quintal é maior do que o mundo*. Rio de Janeiro: Objetiva, 2015.

BARROS, Manoel de. *Poesia completa*. São Paulo: Leya, 2010.

BARROS, Maria Isabel Armando (org.). *Desemparedamento da infância*: a escola como lugar de encontro com a natureza. Rio de Janeiro: Instituto Alana, 2018.

CARNEIRO, Laura. *Projeto de Lei n. 2225/2024*. Dispõe sobre princípios e diretrizes para a formulação e a implementação de políticas públicas para a efetivação do direito de crianças e adolescentes à Natureza com absoluta prioridade e altera a Lei nº 6.938, de 31 de agosto 1981; a Lei nº 8.069, de 13 de julho de 1990 (Estatuto da Criança e do Adolescente); a Lei nº 10.257, de 10 de julho de 2001 (Estatuto da Cidade), e a Lei nº 12.187, de 29 de dezembro de 2009. Brasília: Câmara dos Deputados, 6 jun. 2024. Disponível em: https://www.camara.leg.br/proposicoesWeb/fichadetramitacao?idProposicao=2438687. Acesso em: 13 set. 2024.

DANTES, Ana. *Metamorfose — Flecha 3*. Cadernos SELVAGEM. Rio de Janeiro: Dantes Editora Biosfera, 2021. E-book. Disponível em: https://selvagemciclo.com.br/wp-content/uploads/2021/10/CADERNO_FLECHA_3.pdf. Acesso em: 30 de jul. 2024.

EDUCAÇÃO baseada na natureza. São Paulo: Instituto Alana, [202?]. Disponível em: https://criancaenatureza.org.br/wp-content/uploads/2023/11/EBN_Acessivel-1.pdf. Acesso em: 1 ago. 2024.

FRIEDMANN, Adriana. *A vez e a voz das crianças*: escutas antropológicas e poéticas da infância. São Paulo: Panda Books, 2020.

O COMEÇO da vida 2: Lá fora! Maria Farinha Filmes. 1 vídeo (2:21). Publicado pelo canal Alana, 7 dez. 2020. Disponível em: https://ocomecodavida2.com.br/. Acesso em: 28 jul. 2024.

QUINTAIS brincantes: sobrevoos por vivências educativas brasileiras. São Paulo: Instituto Alana/Criança e Natureza, 2022. E-book. Disponível em: https://criancaenatureza.org.br/wp-content/uploads/2022/10/Quintais-Brincantes-Sobrevoos-por-Vivencias-Educativas-Brasileiras.pdf. Acesso em: 1 ago. 2024.

KRENAK, A. *Ideias para adiar o fim do mundo*. São Paulo: Companhia das Letras, 2019.

KRENAK, A. *Futuro ancestral*. São Paulo: Editora Companhia das Letras, 2022.

KUMAR, Satish. *Um manifesto do amor*. Cadernos SELVAGEM. Rio de Janeiro: Dantes Editora, 2024. E-book. Disponível em: https://selvagemciclo.com.br/wp-content/uploads/2024/06/CADERNO85_satish_kumar.pdf. Acesso em: 30 jul. 2024.

LAMEIRÃO, Luiza Helena Tannuri. *Observar é preciso, praticar é indispensável*. São Paulo: João de Barros Editora, 2022.

PEREIRA, Maria Amélia Pinho. *Casa redonda*: uma experiência em educação com crianças. São Paulo: Editora Livre, 2019.

RODA de conversa cunhatã cerratense. You Tube, publicado pelo canal Camerata Caipira, 12 set. 2024. Disponível em: https://www.youtube.com/watch?v=Fv3UC_ch=-vA&list-PLAjkzhH7vShKuCXOJJagm5MNqpI9A8ThS. Acesso em: 30 jul. 2024.

PIORSKI, Gandhy. *Brinquedos do chão*: a natureza, o imaginário e o brincar. São Paulo: Peirópolis, 2016.

SCARANO. Fabio Rubio. *A linguagem de Gaia*. Cadernos SELVAGEM. Rio de Janeiro: Dantes Editora, 2020. E-book. Disponível em: https://selvagemciclo.com.br/wp-content/uploads/2020/11/CADERNO_6_SCARANO.pdf. Acesso em: 30 jul. 2024.

SOMÉ, Sobonfu. *O espírito da intimidade*: ensinamentos ancestrais africanos sobre relacionamentos. São Paulo: Odysseus Editora, 2003.

TAKUÁ. Cristine. *Seres criativos da floresta*. Cadernos SELVAGEM. Rio de Janeiro: Dantes Editora, 2020. E-book. Disponível em: https://selvagemciclo.com.br/wp-content/uploads/2020/11/CADERNO_4_TAKUA.pdf. Acesso em: 30 jul. 2024.

ZANON, Sibélia. *Educando na Natureza* [organização Instituto Ecofuturo; coordenação Michele Martins], São Paulo: Ecofuturo, 2018. E-book. Disponível em: http://www.ecofuturo.org.br/wp-content/uploads/2018/07/Educando-na-Natureza.pdf. Acesso em: 30 jul. 2024.

LINKS E SUGESTÕES PARA LEITURAS E PESQUISAS

Ciclo de estudos selvagens sobre a vida

https://selvagemciclo.com.br/home/

Tinis — Terra das crianças

https://tinis.com.br/https://criancaenatureza.org.br/pt/

Instituto Alana

https://alana.org.br/

Casa Redonda: uma experiência em educação

https://acasaredonda.com.br/

Instituto Eco Futuro

http://www.ecofuturo.org.br/biblioteca-virtual/

Programa Escolas Transformadoras

https://escolastransformadoras.com.br/

Território do Brincar

https://territoriodobrincar.com.br/

Portal Lunetas

https://lunetas.com.br/

FUNDAÇÃO Maria Cecilia Souto Vidigal

https://www.fmcsv.org.br/pt-BR/

Pedagogia da Emergência

http://pedagogiadeemergencia.org/

Sobre as autoras

ADRIANNE OGÊDA GUEDES

Psicóloga e Pedagoga, doutora em Educação pela Universidade Federal Fluminense. Atuou durante mais de 30 anos em instituições de Educação Infantil. Especializou-se em Educação Infantil: Perspectivas de trabalho em creches e pré-escolas (PUC RJ), curso em que também atuou como docente. Desde 2011 integra o quadro de professores permanentes da Universidade Federal do Estado do Rio de Janeiro (UNIRIO), atuando na graduação do curso de Pedagogia e na Pós-Graduação em Educação Infantil. É formadora Estadual do Programa Leitura e Escrita na Educação Infantil (MEC/Unirio/ UFRJ).

MICHELLE DANTAS FERREIRA

Pedagoga (UERJ), Mestra e Doutoranda em Educação (UNIRIO), Professora da Educação Básica municipal do Rio de Janeiro há 22 anos, sendo mais de 15 anos na Educação Infantil. Atualmente, atuando como gestora de um Espaço de desenvolvimento Infantil (EDI) na Zona Oeste da cidade. Pesquisadora do Grupo de Pesquisa FRESTAS, vinculado ao Núcleo Infância, Natureza e Arte (NiNA), da UNIRIO, que se dedica a investigar temáticas ligadas à Educação Estética, Arte e Formação Docente, vinculando Educação Básica à Educação Universitária.

DANIELA MELLO

Pedagoga e Psicopedagoga, especialista em neurociências aplicada à aprendizagem pelo IPUB- UFRJ e Educação Infantil pela PUC-RJ. Com mais de 30 anos de experiência no chão da escola brasileira, atuou como professora, coordenadora, orientadora, diretora e gestora pedagógica em escolas renomadas do Rio de Janeiro formando educadores para uma pedagogia participativa e inovadora. Certificada pela Reggio Children e Centro Crescera na Toscana, Itália e Instituto Pikler de Paris, desde 2007 pesquisa as infâncias e suas linguagens com olhar para a dimensão estética e a aprendizagem. Escritora e palestrante, semeia a cultura do ateliê e o direito à beleza através da página @conversasevivencias e dirige o Na Praça Ateliê, espaço de formação continuada no Rio de Janeiro, atuando em diferentes estados do Brasil,na rede pública e privada com consultora pedagógica.

ISABELLA SÁ

Educadora apaixonada e especialista em infância, com vasta experiência na área de Educação Infantil. Ao longo de sua carreira, abriu 10 escolas comprometidas com a criação de espaços que convidam à interação, ao encontro e ao desenvolvimento das crianças. Como formadora de equipes, se orgulha de um título dado pelas crianças de "professora das professoras" e inspira profissionais a se encantarem pelo ato de educar, acreditando que a excelência só é alcançada com pessoas excelentes. Sua formação inclui graduação em

Psicologia, pós-graduação em Psicologia da Infância, e Mestrado em Guidance and Counseling. Além disso, possui especializações em Terapia Familiar, Educação Infantil, Psicopedagogia e Gestão Escolar. Isabella defende que o espaço escolar deve ser um ambiente que promova o encanto, a curiosidade e a imaginação. "Escola é lugar de ser feliz" é sua citação mais conhecida e que vale para as equipes que forma e para as crianças que aproveitam o espaço escolar.

RONA HANNING

Formada em Pedagogia e Mestre em Educação Brasileira pela PUC-Rio. Com mais de 20 anos de experiência em formação de professores e literatura, desenvolve projetos educacionais em todo o Brasil. Foi professora substituta da UFF (2000-2004) e da Estácio (2000-2007), ambas na Pedagogia, e atua desde 2017 na pós-graduação em Psicopedagogia no Tekoa — Centro de Estudos da Aprendizagem. Acompanha as transformações da leitura e cria percursos que ampliam os repertórios culturais de brasilidade nas propostas pedagógicas. Defende práticas que expandam o entendimento de leitura e valoriza a vivência de territórios como formas de conhecer culturas, comunidades e realidades diversas. Propõe viagens para educadores, conectando-os a novas geografias e sugerindo a cozinha como um espaço de aproximação de culturas e construção de significados. Fundou o Instituto Oziris Pontes no sertão do Ceará, com uma escola de cozinha como projeto de extensão. É cofundadora do LERCONECTA, onde atua como consultora e curadora de projetos na área de Educação e Cultura, como a Bienal do Livro Rio.

ANA ROSA AIRÃO

Médica formada pela Universidade Federal do Estado do Rio de Janeiro (UNIRIO), com especialização em Pediatria e Neuropediatria. Desde o início de sua residência, desenvolveu um profundo interesse pelo desenvolvimento infantil e aspectos atípicos, identificando o TDAH e altas habilidades como características suas. É neurocientista com mestrado e doutora em Neurologia/Neurociências. Atualmente, é professora de Neuropediatria na UNIRIO, onde orienta alunos e residentes em suas formações práticas e pesquisas, com ênfase no neurodesenvolvimento. Coordena o ambulatório de neuropediatria do Hospital Universitário Gaffrée e Guinle e ministra aulas sobre espiritualidade (laica) e neurociências. Participa de projetos voltados a educadores e familiares de crianças neurodivergentes e preside o Departamento Científico de Saúde e Espiritualidade da Sociedade de Pediatria do Estado do Rio de Janeiro. Ao longo de sua carreira, realizou mais de 20.000 atendimentos, sempre buscando o olhar integral para o desenvolvimento humano.

CLARISSA BRITO

Coordenadora Pedagógica, Professora, pedagoga com especialização em Educação Infantil pela PUC-Rio e Psicopedagoga pelo Pró Saber. Atua na formação continuada de professores no desenvolvimento de uma educação antirracista e afro referenciada. Atuou, como colaboradora do Instituto LER, na elaboração do livro "Minha Primeira Coleção"- Arte Contemporânea para Crianças, da Editora Nankin. Autora do livro "O Enegrecer Psicopedagógico: um mergulho ancestral.

CARLA JARLICHT

Formada em Psicologia pela PUC- Rio e com mestrado em Educação pela mesma universidade, é especialista em Literatura Infantil e Juvenil pela UFRJ e certificada em Disciplina Positiva pela Positive Discipline Association. Apaixonada por Educação e com mais de vinte anos de chão de escola, como professora, como mãe e também coordenadora pedagógica, acredita que buscar uma prática pedagógica atravessada pela experiência humanizadora da convivência ética deva ser um exercício diário e dialógico, sempre em sintonia com todos os envolvidos, sobretudo, crianças e adolescentes de hoje. É fundadora do HUB Plano de Voo- Repensando a sala de aula, onde atua como consultora educacional, partilhando reflexões e práticas construídas na troca com alunos, professores e famílias. Atualmente, é também Formadora Pedagógica de professores da rede pública de ensino do Rio de Janeiro, através da ONG Parceiros da Educação RJ.

DANIELA LYRA

Pedagoga, educadora com ampla experiência no ensino de línguas estrangeiras, além de ser especialista em Educação Maker e Aprendizagens Visíveis pela universidade de Harvard. Com esse largo leque de conhecimento aliado a sua experiência de sala de aula, Dani trabalha como braço pedagógico da equipe multidisciplinar do primeiro Makerspace em um centro binacional no Brasil, onde desenvolve recursos educacionais tais como: cursos, aulas, projetos e oficinas para professores. Já lançou textos sobre Aprendizagem Visível pela Editora Panda e projetos que intersecionam Educação Antirracista e experiências de construtividade. Em 2024, implementou o projeto "PLAY in NATURE" na One — Open to New Experiences School, que cria espaços que estimulam a criatividade e a autonomia das crianças tornando a literatura, a marcenaria, habilidades manuais e a arte mais visíveis para toda a comunidade escolar.

SORAYA LACERDA

Coordenadora do Thomas Maker desde 2015, é bibliotecária, designer de narrativas ativas para a educação básica, especialista em educação maker, aprendizagem criativa, educação midiática e formação docente. É graduada em ciência da informação e pós-graduada em tecnologia da informação pela Universidade de Brasília; especialista em Letramento Midiático pela Universidade de Rhode Island e educadora Google. Responsável pela Certificação de

Educador Maker da Casa Thomas Jefferson, é também articuladora da Rede Brasileira de Aprendizagem Criativa em Brasília e co-autora do livro "Aprendizagens Visíveis", pela Editora Panda.

BIA JABOR

Artista, educadora e curadora educacional com larga experiência em idealização e implementação de projetos na área, educação em museus, educação infantil, programas de formação e consultorias. Formada em Licenciatura em Educação Artística com Habilitação em Artes Plásticas, pela FAAP, São Paulo/SP e Especialista em "Escutas Antropológicas e Poéticas das Infâncias". Desde 2018 está à frente da Casa 38, um espaço multidisciplinar e independente de investigações artísticas, corporais e brincantes. Nos últimos anos vem se dedicando ao trabalho com as infâncias e nas relações da criança com a natureza em estado de arte, fez formação em Reggio Emília na Itália e na experiência educativa aeioTU da Colômbia. Atualmente faz parte do Movimento dos Quintais Brincantes, do grupo Aprendizagens do ciclo de estudos selvagens sobre a vida e do coletivo "A vez e a voz das crianças", coordenado pela Adriana Friedmann. É mãe de Lia e Vinicius. Para saber mais: www.biajabor.com

Esta obra foi produzida pela mapa lab na primavera de 2024.
O miolo foi impresso em papel polen bold 90 g/m²
usando as fontes Montserrat, Sentinel e Fira Sans.